牡鹿半島は今

被災の浜、再興へ

序

上空から撮影した写真を見ると、まるで矢尻のように鋭くてギザギザした牡鹿半島（宮城県石巻市・女川町）。県北東部の三陸海岸最南端に位置し、太平洋に突き出ている。北上山地を背にリアス式海岸特有の荒々しい地形が続き、そこに点在する浜は豊かな海に育まれ長い歴史を重ねてきた。近年まで海上交通に頼っていた地域でもある。それらの浜は津波により破壊され、荒漠とした土地が広がる。

二〇一一年三月十一日の東日本大震災を引き起こした大地震の震源地・三陸沖から最も近かったのがこの地域である。半島の地は東南東に平均五・三メートル引っ張られ、一・二メートルも地盤沈下した（国土地理院調べ）。想像を絶する激しい地震のエネルギーを思い知らされた。

大津波にのまれ壊滅状態となった牡鹿半島の各浜は一体、どうなっているのだろうか。取材してみると、そこにはいち早い復興を信じながら一歩一歩、確実に前へ進んでいる人たちがいた。その一方で、遅々として進まない港の復旧や住宅の高台移転計画、そして東京電力福島第一原子力発電所の事故による風評被害に苦しみ、悩み続ける人たちも大勢いることが分かった。

牡鹿半島には石巻市だけで二十八ヵ所の浜がある。未来にかすかな希望を膨らませる人々、依然、苦難にあえぐ住民たち。さまざまな思いが交錯する浜の表情を追った。

＊年齢は取材した日を基準とし、住所は震災時の住まいとしました。表紙の写真は、石巻市荻浜湾沖のカキの収穫作業（二〇一二年十一月十六日）。

目次

第一章　南部エリア

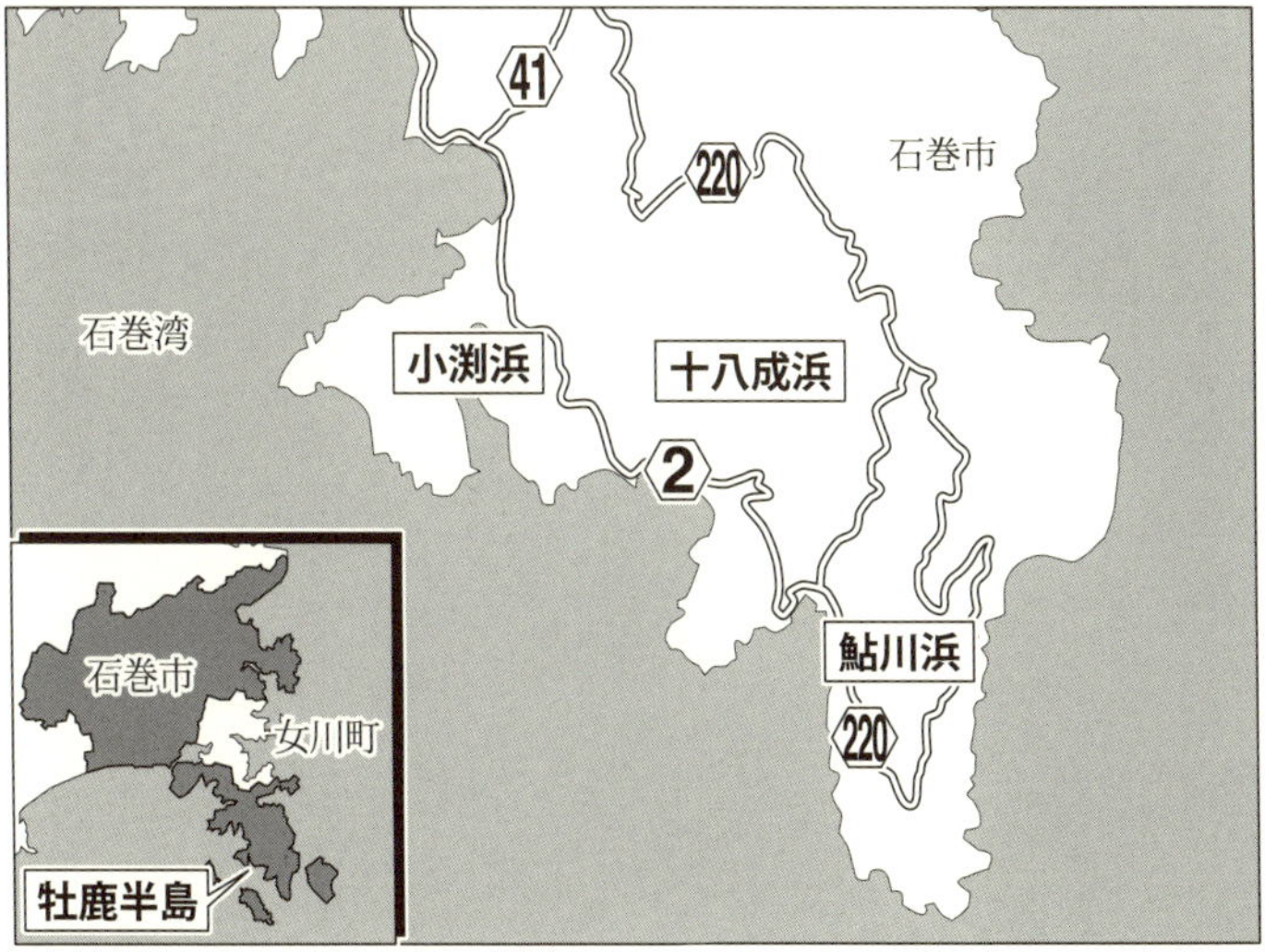

不屈の精神貫き民宿業再開（小渕浜《こぶちはま》）

漁業を生業とする大きな浜

最初に紹介するのは小渕浜である。仙台湾に面した牡鹿半島南に位置し、海岸線はかなり複雑に入り組んでいる。漁業を生業とする住民が多くを占め、同半島では鮎川浜に次いで大きな浜として栄えてきた。高台を走る幹線道路・県道2号（石巻鮎川線）のほぼ真下に位置するため、車からは浜が見えにくく、うっかりすると通り過ぎてしまう。県道沿いには被災を免れたコンビニエンスストアがあった。半島唯一のコンビニとあって、寄るたびに買い物をしている復旧の工事業者やボランティアとみられる人たちの姿を目にした。

あきらめる訳にいかない

小渕浜を訪れたのは、いち早く再開した民宿があるという話を耳にしたからだ。名前は割烹民宿「めぐろ」。民宿なので一般家庭のような民家をイメージしていたが、到着してびっくりしたのが建物の大きさだった。割烹と頭に付けた訳が理解できた。青色の屋根と、白とピンクの壁も

割烹民宿「めぐろ」。大きくてカラフルな2階建ては目に付きやすい

目立つ。
経営者の目黒政明さん（66）＝石巻市小渕浜字カント＝が取材に応じてくれた。小高い場所にあり、津波は道路のすぐ下まで来たが、辛うじて浸水の被害は避けられた。しかし、大きな地震で陥没するなど建物の三分の一ぐらいが損壊した。そうした厳しい状況下、震災から七ヵ月余しか経ていない二〇一一年十月十八日には再開を果たしたという。再建を決意した理由を目黒さんは語る。

実際、もう駄目かと思った。だが、苦労して開業した民宿を簡単にあきらめる訳にはいかない。これからだって、支援してもらっているボランティアや工事関係者が宿泊する場を確保しないといけない。いずれ観光客だって戻ってくるだろうから……。

牡鹿地区（旧牡鹿町）は民宿や旅館など観光を目的にした宿泊施設が多かったが、震災後に復活したのは一三年一月一日現在で小渕浜、鮎川浜、新山浜を合わせて六軒と少ない。これには観光ホテルも含まれる。小渕浜周辺には大きな民宿が三軒あった。このうち開業に漕ぎ着けたのは津波の被害を免れた「めぐろ」だけだ。半島の旧石巻市分では桃浦の民宿一軒が再開を果たしている。

2、200万円かけ修復

「めぐろ」は再開したとは言え、経営的には震災前のようにいかないことが多かった。

初めのころは土曜、日曜を中心にボランティアや工事業者らの利用が多かった。だけれども、それも次第に減少し、震災前の三分の一以下になってしまってね。旅行業者からのキャンセルも予想以上にあった。半島方面の復旧が遅れていることや、福島の原発事故による風評被害に対する心配があるようなんだなあ。こちらとしてはむしろ、復旧していない浜の現状を見てほしいという思いもあるし、魚介類だって（放射能の）検査基準値に従って全く問題のない新鮮なものを提供しているんだけどね。法事の利用客がいなくなったことも影響した。これからどうしたらいいのか、一時は深刻に悩んだ。

しかし、へこたれてばかりいる訳にはいかない。建物の再建は一一年六月に基礎工事に着手。土台をジャッキアップしてコンクリートで強化した。その費用に五百万円、風呂やトイレなどの修復費を合わせると二千二百万円を要した。それに対し県から限度額一千万円の助成があり、残り千二百万円は自己資金で賄った。

「助成金を担当した県の職員から『これほど立派に修理したところはないですよ』とお褒めの言葉をいただいたことを思い出してね。これがきっかけで『これからも、しっかりやらなければ……』と決意を新たにした」と振り返る。

後継者の長男も本格参入

目黒さんによると、業績の回復には企業努力が欠かせないとして、まず取り組んだのが業務体制の改革であった。震災前に送迎車両が大型の三十四人乗り、二十九人乗り、十人乗りの三台あったのを、三十四人乗りを除く二台に縮小した。女将として民宿を切り盛りする妻の浪子さん

（61）は四十二歳で大型の免許を取得し、遠方まで運転したこともあったが、今は会計や料理などに専念している。

何と言っても頼もしいのは長男・繁明さん（38）が震災前に後継者宣言をしていたことだった。リース会社に勤めていた繁明さんは「民宿業を続けていかなければ」と意を固め、調理師免許を取得、跡を継ぐことにした。浜から遠い街場の石巻市鹿妻南の自宅が被災したため、今は半島の付け根に近い渡波地区の同市流留のアパートから車で通い民宿を手伝っている。従業員の中には震災により小渕浜を離れたり、腕のいい板前さんが鮮魚商として独立したりした。働き手が手薄状態の中、繁明さんが本格的に調理場に立つようになったほか、地元の女性二人をパート採用した。これで震災前と同じ六人体制になり、半島でも数少ない民宿の運営に努めている。

自らも漁をして食材に

震災により食材の調達法も微妙に変わった。「魚は以前、主に石巻の市場から調達していたんだよね。それが道路事情は悪くなったし、量的にも市場からだけでは難しくなり、今は地元の海から、いわゆる前浜物を中心にしている。工夫を凝らさないとね」と説明する。

目黒さんは六十歳で小型船舶操縦士一級の免許を取った。宮城県漁協（小渕浜は県漁協表浜支所に所属）の組合員であり漁も行う。所有する船外機は大きな被害はなかったため、一部修理して復活させた。船名は「カズマ丸」。孫・寿真《かずま》君の名前から取った。この船で早朝などに漁へ出掛け、刺し網でメバルやタナゴなどを漁獲しているという。「震災前は知人らに配るなど趣味程度だったけれど、今は厨房で料理してお膳に並べ、活きのいいうちに宿泊客に食してもらってい る」。漁の成果は民宿の貴重な食材になっている。

カズマ丸のほかに持っていた釣り船は流されてしまい、目黒さんにとっては大きなショックであった。このことを聞き付けた京都の会社経営者から、一一年八月下旬に新しい遊漁船が寄贈された。長さが一〇・二五メートル、幅二・六メートル、五トンの小型船。釣り船としては十分な大きさで、イカ釣り船としても使えるという。福井県小浜港から石巻港まで陸路トレーラーで運ばれた後、海上移動して小渕浜に到着。陸送の段取りをした民間支援団体の「愛知ボランティアセンター」（名古屋市）が中心となって開催した贈呈式には多くの関係者が集い、新船を歓迎した。船体には同センターが船名を公募して命名した「福幸丸《ふっこう》」の文字が鮮やかに書かれていた。

「皆さんには感謝し切れないくらい。復興の道が開けてきたころには、これらの船を使ってグリーンツーリズムの海上版・ブルーツーリズムを企画し、半島の観光に寄与したいと考えているんだが、どうだろうかね」。常に夢と目標を持つアイデアマンである。

現金収入へ商売替える

目黒さんは、民宿業を始める以前は衣類の行商に就いていた。大きな賭けでもあったその転職のきっかけは次のようなものだった。

旧牡鹿町立大原中学校を卒業後、静岡市の鉄工所へ集団就職。三年後、横浜から南氷洋へ向かう捕鯨母船や鮎川を拠点とするキャッチャーボートに賄い係として乗り組んだ。その三年後に故郷の小渕浜に落ち着き、父親の故・繁二郎さんの下で衣類の販売に携わった。親子は車を使い半島のほか石巻、雄勝方面など遠くの地域もエリアとした。

父親が亡くなった後も行商を一人で続けたが、商売上、障害となるものがどうしても脳裏から離れなかった。行商は貸し売り（売り掛け）が多く、予定通りお金が入らなかったのだ。しかも大型店が石巻に進出してきて、経営状態は不安定さを増した。二人の息子を大学に入れようとしていたこともあって、現金収入の商売でなければいけないと考えるようになった。そこで思い付いたのが、お客さんが夜に来て、翌朝帰るお客さんに「ありがとうございました」と言える仕事、浜の民宿だった。

一九九三年、四十八歳で迎えた人生の大きな転機であった。バブルが崩壊して間もないころで、既にほかの民宿はどこもお客が少なくなっていた。しかし、バブルが崩壊した後は、消費者を貯蓄から消費へ向かわせる金利政策が取られるはずだから大丈夫と、経済的観点からも予想し、民宿業への道を決断した。

びっくりされた大きな建物

目黒さんの強い意気込みは止まらず、糟糠の妻・浪子さんの反対も押し切った。それだけで済まなかった。「どうせやるなら」と大きな民家を土地ごと買い上げ、民宿を新築する計画を立てた。建築業者をはじめ周囲の人たちからは「どうしてこんな大きいものを」と冷ややかな目で見られたという。肝心の開業・運転資金が気になったので尋ねたところ「最終的には旧牡鹿町の過疎地活性化資金の制度を利用し、三千万円の融資を受けた。でも最初は何も考えずに実行に移した。無謀と言えば無謀だったかなあ」とあっさりと語る。

民宿の名称については「よくあるのが民宿○○荘とか民宿旅館○○。割烹民宿は聞いたことがなかったので、インパクトを与える意味でも割烹民宿『めぐろ』と決めた。料理にこだわりを持とうとしていたこともその理由だがね」と説明する。

1階で宴会、2階で法事も

金利政策の問題は別にして、民宿に対する目黒さんの思いが通じてか、創業から七、八年間は多忙な日々が続いた。「浜では新造船を使う前に船卸振舞《ふなおろしぶるまい》という風習があり、民宿に百人以上が集まりお祝いした。何せ漁師は二十年ぐらい経つと船を替えているからね。一階で宴会、二階で法事が行われることもあって、法事の利用者に『下はにぎやかだけど、いいかね』と断ったうえで貸すことも度々あった」と思い出話を披露する。

自転車操業を続けるうち、観光目的の固定客も徐々に増えていった。「釣り客はもちろん、雄大な牡鹿半島巡り、奥州三霊場の一つ・金華山への参拝者ら全国からの利用客が絶えなかった。休日、特に連休とか夏休みには一日で四十人ぐらい、平日でも二、三十人はコンスタントにあった。不況を反映してか、震災の何年か前から減少傾向を示していたが、経営が苦しくなることはなかったよ」と言う。

宣伝方法は地元観光業者の有志でつくる「牡鹿半島癒しの旅委員会」*のインターネットによるホームページを主体に実施してきた。会員の多くが被災したため同委員会の活動は事実上、休止状態となっている。委員会の会長を務める目黒さんは「最も効果的なPRは口コミだけれど、今の世の中、ネットも活用しないとね。それに仲間が団結して困難を乗り越えでいかなければ……」と、メンバーが営む各民宿・旅館と委員会の復活を望む。

50人の最大避難所に

震災で小渕浜は南側の浦の浜と、岬を隔てた北側の西出当浜《なりあて》の両方から押し寄せた津波がぶつかり合ったため、甚大な被害となった。全百五十九戸のうち八〇％《パーセント》を超える百三十戸が流失したり、損壊したりした。犠牲者十五人、行方不明者は三人になった。

避難所に指定されていた各施設も全壊し、二十軒の民家などに三百六十人が身を寄せ合い、避難生活を送った。そのうち、「めぐろ」は最も多い五十人の被災者を受け入れた。

「めぐろ」は津波被害がなかったとはいえ、地震で建物が損壊していた。二日間は大きな余震が続いたことから、避難者を送迎バスに乗せ、さらに高台にあるコンビニの駐車場で過ごした後、三日目に民宿に戻った。ストックしていた米などの食料品でしのいだが、人数が多いため五日間しか持たなかった。支援物資が届くまで一日一食に減らし、主食も白米から玄米に替えた。ライフラインが復旧するまでの数週間は、薪をたいて燃料とした。壊れた風呂やトイレは修理して使用できるまでに整えた。

復旧工事を始めたときは、まだ一階に避難者、二階には仮設住宅の建設業者が宿泊していた。避難者は仮設住宅ができてからは次第に少なくなり、避難所の終了宣言をした七月二十八日には二十八人に減少していた。

連携して苦労を乗り切る

四ヵ月半という長期間、さまざまな考え方を持った大勢の人たちが毎日一緒の生活なので、避難所を提供した目黒さんは運営面で気苦労が絶えなかった。

日を追ってストレスがたまり、みんなが避難生活に限界を感じ始めていた。その対応が大変だったけれど、「私たち家族の命が助かったのは、被災した地域住民を救うためなんだ」と自らに言い聞かせてきた。長男の嫁は看護師なので、お年寄りの薬を手配するなど、チームプレーで乗り切った。

不満もあった。五月上旬だったと記憶しているが、市役所に支援を求めるために民宿を二次避難所として指定してくれるよう直接掛け合ったところ、「それ（五月）以前についてはさかのぼれず指定の対象にならない」と言われた。ボランティアからの支援はあったが、ほとんど自前で対処しなければならなかったからね。震災からしばらくの間は混乱していて、指定の申請なんか頭になかった。市から拒否されたときは「制度がおかしいんじゃないの」と思い、非常に憤りを感じたよ。

「めぐろ」の大広間には全国から寄せられた応援メッセージや絵、ボランティアが撮影した写真などがズラリと展示してある

ボランティアの応援に心和む

支援活動を継続しているボランティアには感謝している。「大阪や愛知、静岡、神奈川、東京、群馬など全国各地から来ていただいた。住民の心を和ませてくれ、本当に助けられた」と頭を下げる。一二年の八月に限ってみても、三日には群馬のグループによる炊き出し、十五日と二十六日は静岡のグループによる夏祭りがいずれも民宿の駐車場を会場に開かれ、地域住民と交流を深めた。

「今でも支援物資を送ってくれたり、直接浜に来て励ましてくれたりする人たちがいる。なかなかできないことだよ」。民宿一階にある大広間の壁には激励の寄せ書きやボランティアが撮影した交流の写真などがたくさん張られている。また、被災者を応援しようと、避難所になっている「めぐろ」に駆け付けた女優の司葉子さんや大竹しのぶさん、坂口良子さんらが目黒さんと一緒に写っている記念の写真も飾られていた。

先見据えるしっかり者夫婦

妻の浪子さんにも話をうかがった。「避難所になっていたときは大変だったけど、震災前には従業員や住民とは『おはよう』『こんにちは』というあいさつ程度だったのが、震災後はさまざまな会話をするようになり、心のきずなが深まったような気がする」と語る。

私が夫の目黒さんについて話題を移そうとしたところ、目黒さんは恥ずかしくなったのか、自ら席を外した。浪子さんは「常々、先を見る人。それだけに添っている人は大変なのよ。民宿を始めるときも、バブルが弾けていたし、そうした商売の経験が全くなかったから反対したの。しかし、民宿に対する主人の思いはもの凄かった。衣類の行商は貸し倒れがあったということで最終的には折れて、商売替えを了承した。昔の売り掛け回収が今でもできず、あきらめたのも結構あるからね。人との付き合いが多かった人なので、口コミでこの民宿の存在が広まっていったことが良かった」と話し、震災後の様子についても次のように言葉を続けた。

損壊状態を見て、この仕事をやめようかとあきらめかけたが、主人はこうと思ったら聞かない人なので……。ゆっくりしたい気持ちもあるけど、この商売は女将がやらないと成り立たないので、元気でいるうちは私も頑張っていかないとね。

何より小渕浜周辺にあるほかの二軒の民宿も再開してほしい。これからお客さんが多くなったら各民宿に分かれて泊まってもらうことができる。小渕浜に民宿が何軒かあってこそ注目度が高まるだろうし、相乗効果も出てくる。

大広間で浪子さんを取材しているとき、お膳を持って脇を通ろうとした女性が「鈴木さん（著者）の書いた『ラジオがつないだ命』の本を見たからね」と元気な声で語り掛けてくれた。恐縮した。この人は震災後にパート採用された地元の広瀬まさえさん（60）。民宿に避難していた被災者の一人である。「震災前は浜でワカメの芯抜きやカキむきなどの作業をしていたのよ。長い避難生活では目黒さんに助けてもらった。料理を作るのが大好きなので、楽しく仕事をさせてもらっている」と笑顔を見せた。浪子さんは「避難時の様子を見て、この人なら大丈夫と思って採用した」と言う。

料理を期待するリピーター

牡鹿半島の各浜を取材するに当たって割烹民宿「めぐろ」には一二年八月と九月に延べ三泊お

目黒さん（左）が早朝に取ってきたばかりの新鮮な魚を料理する妻の浪子さん（左から２人目）。震災後、採用された広瀬さん（右）らも食事の準備におおわらわだ

世話になった。夕食の時間に目黒さんは「お客さんは以前より少ないけど、リピーターの客がウチの特徴でね。しかも料理を楽しみにして訪れる人が目立つ。先日は、以前に観光で訪れたことのある沖縄・石垣島の人が心配して再び来てくれた。明日は、この辺を取材するテレビ局の人たちが泊まることになっている」と語った後、「きょうは人気料理の一つ『キンキのみどりかけ』を作ったから食べてみてよ」と言われた。

　これはキチジを揚げて大根卸しをまぶし、魚と野菜の風味をマッチさせた独特の料理で、さすがお勧め料理とあって舌鼓を打った。豪華な料理付きであっても民宿組合が従来から実施している統一料金を維持しており、一泊二食六千八百二十五円（税込み）はお得な感じがした。

海岸近くには大量の瓦礫が積まれたままだ。復興まで遠い道のりであることをうかがわせる＝「めぐろ」2階から

私が宿泊したときは、山梨県から来た人たちが「明日は、ここから南三陸町へ行く予定でいる。前もこの民宿を拠点にして半島などを回った」、仙台の無線機器業者は「きょうから半島周辺の防災無線の修理・点検をしている」とそれぞれ語っていた。ほかの日にも大人と子どもの家族連れなどの宿泊客がいた。

民宿から仙台湾を望む風景は美しい。しかし、目の前には瓦礫が積まれ、その周辺をブルドーザーが音を立てて処理作業をしていた。三度目の宿泊（一二年九月二十三日）は強風雨の日であった。かつて民宿と海岸の間に立っていた住宅や漁業用倉庫などの建物はほとんどなくなったため、海からの風当たりが凄かった。浜の早期復旧を願わずにはいられなかった。

帰り際の朝、厨房を見せてもらったとき、目黒さんは浪子さんがいないところでポツリと漏らした。「女房にはずっと苦労を掛けっ放しだよ」。目黒さんの来し方をあらためて思った。

牡鹿半島癒しの旅委員会　牡鹿地区の観光ＰＲと体験型宿泊を推進しようと二〇〇四年十一月、県の支援を受けて牡鹿半島と金華山、網地島《あじしま》にあるホテル・旅館・民宿業の有志で発足した。既にあった牡鹿半島旅館民宿組合（三十六軒）の部会として、比較的ＰＲに積極的な十二軒が参加し、ネットで発信したり、金華山での自然探検、釣り船体験、牡鹿写真コンクールなど、さまざまな行事を企画したりして全国にアピールしてきた。震災後はブログに復旧・復興状況を書き込むぐらいで、本来の目的である観光ＰＲは復活していない。

40キロの道通い続けアナゴ漁（小渕浜《こぶちはま》）

神社から広い漁港を望む

二〇一二年八月二日、小渕浜の集落があった場所から少し南側にある五十鈴《いすず》神社の石段下で漁師の阿部輝彦さん（47）と待ち合わせた。阿部さんは自宅（石巻市小渕浜字カント）を失い、住まいを石巻市の西隣にある東松島市に移した。今はそこから生まれ育った古里の浜まで約四十キロの距離を車で一時間近く掛けて通いながらアナゴ漁などを続けている。ガッシリした体格はまさに船乗りである。柔和な顔からシャイな感じが見て取れた。

急な石段を上って小高い場所にある神社に案内された。その途中で見下ろすと、広い漁港に中型・小型の漁船が並んでおり、水揚げが多い大きな浜であることがうかがい知れる。神社には神輿が奉納されている。この日は夏祭りを翌日に控えて、浜の若い衆が準備のため続々と集まってきた。

親戚に助けられ漁に

境内で阿部さんから、震災後二年目に入ってからの生活や心境について聞いた。家族は妻と中学・高校生になる子ども三人、両親の計七人。両親は小渕浜の仮設住宅に入居し、阿部さん夫婦と子どもは浜を離れて、東松島市大曲の借り上げ住宅で暮らしている。その借り上げ住宅は四ヵ所目の避難先である。

小渕浜に通うようになったのは震災から四ヵ月後の一一年七月であった。地元の仲間やボランティアと一二年三月半ばまでの約八ヵ月間、海に沈む瓦礫の処理やワカメ養殖用のいかり・ロープなどを引き上げる作業に従事した。

その後、待ち望んでいた漁業を再開する人たちが現れても、所有する小型船「龍勢丸」（四トン）は修理が必要だったり、漁具が全て流されたりしたため、阿部さんは身動きできなかった。救いの手を差し伸べてくれたのが、同じ浜に住む親戚筋の木村初雄さん（59）であった。当時の様子について阿部さんは「自分には漁業しか食う道がないと思っていたので『どうだ、おれの船に乗ってみねが』と声掛けされたときはうれしがったよ」としみじみ語る。

木村さんの船は「第5三喜寿」（一三トン）。津波で漁港から流されたが、幸運にも遠く七百六十キロほど離れた千葉県犬吠埼沖で見つかり、震災から二ヵ月近く経過した一一年五月四日に木村さんのもとに戻ってきた。造船所も多くが被災したため、翌一二年二月まで掛かって修理を行い、春漁に臨んだ。

しかし、待っていたのは再び厳しい現実だった。福島第一原子力発電所事故に伴う食品の放射性セシウムの基準値*が厳格化されたことで、宮城県沖でも漁の自粛が相次いだ。県漁協は一二年四月、イサダ漁について地区ごとに所属船を二班に分け、各班が一日置きに出漁する交代制を敷いた。メロウド漁も自粛を余儀なくされた。放射性物質は未検出だったり、基準値を大幅に下回ったりしたのだが、買い受け人が敬遠したことなどから規制に踏み切らざるを得なかった。漁の最盛期にもかかわらず、風評被害が津波被害に追い打ちを掛け、漁民に大打撃を与えた。

原発事故による規制に怒り

小渕浜の主力漁業はアナゴ漁である。小渕浜が所属する県漁協表浜支所のアナゴ水揚げ額は震災前、年間三億円近かった。東日本で最大を誇る。漁は一般に六月から始まる。イサダ漁などの自粛以外にも、国から出荷制限される魚種が次々と指定されたため、阿部さんが乗り組んだ木村さんの漁船はアナゴ漁が始まるまでカレイ漁などでつないでいた。一二年六月二十日、期待を抱いていたアナゴ漁がスタートした。「そのとき、ようやく来るべきものが来た」と安堵したという阿部さんは「でも、原発事故には腹が立つよな」と怒りを隠せない。

震災前は軽トラックと乗用車を所有していたが、二台とも流されたため、小渕浜まで叔母から譲られた軽自動車で通勤している。漁の実施は天候に左右されるため不定期だ。出漁の日は次のような生活サイクルだという。

午後1時　大曲の借り上げ住宅出発。渡波から県道2号（石巻鮎川線）を走行。
同　2時　小渕浜漁港到着。
同　3時　アナゴ漁の仕込み。
同　4時　出港。
同　4時30分　漁場（田代・網地島沖など）で漁を開始。
午前1時すぎ　帰港。
同　2時すぎ　帰宅。

十月からはそのサイクルを一時間ほど繰り上げた。仕込みから帰港するまでの時間は十時間、乗船時間は九時間にも及ぶ。

ロープに筒、延長20～30キロも

アナゴはウナギに似たアナゴ科の硬骨魚で食用魚。漢字では「穴子」と書く。近海の底の砂地に棲み、昼間は穴に隠れるようにしており、夜になると活発に捕食活動をする。
漁法について尋ねた。取材用のノートに阿部さんは分かりやすく図で示してくれた。説明によると、次のような内容である。

漁具は筒。「つつ」ではなく「どう」と読み、アナゴ筒と言われる。昔は餌釣りで行われたが、戦後間もなく竹で編んだ筒が使用され、その後、現在のプラスチック製に改良された。一般的な大きさは長さ約八十センチ、直径約二十センチ。出港前に岸壁で筒の中に餌となる冷凍したイカ、またはイワシを入れる。

漁船の大きさによって使う筒の本数は違う。木村さんの船の場合は千二百七十本。この数はアナゴ漁が盛んな小渕浜周辺でも多い方だ。筒はロープに十七メートル間隔で結び付けることから、延長二十～三十キロもの距離になる。一時間以上掛けて海底三十～百二十メートルに沈める大掛かりな作業である。

筒は二時間ぐらいで引き上げる。帰港後すぐには水揚げしないで海中のいかだにつるしたまま蓄養し、三日目に県漁協表浜支所による入札にかけ、四日目に買い受け業者に渡して活魚のまま東京・築地市場へ運ばれる。地元への出荷はほとんどない。同市場は表浜支所が扱うアナゴの質を高く評価し買い入れているからだ。アナゴは寿司や丼物のほか、素焼きにすると味が格別という。

初めて知る漁法のため、初歩的なことについての取材にかなりの時間を要した。迷惑を掛けたが、大いに勉強になった。この話を聞いているうちに、小学生のとき、田んぼ沿いの堀で友達と楽しんだドジョウ取りを思い出していた。そのころからぬるぬるした魚種は大好物だった。前進しながら長い棒で泥の底を何度も突き刺してドジョウを追い詰め、仕掛けておいた竹製の筒に誘い込む方法だった。確かドジョウ筒と言い、それなりに技が求められた。規模は比較にならないが、「同じような理屈だよね」と話したら、阿部さんは笑いながらうなずいてくれた。

復活したのはまだ3分の1

今季、一隻当たりの漁獲量と水揚げ額は次第に増える傾向を見せた。震災前とほぼ変わらないか、それ以上になる日もあった。量は一日平均二百～三百キロ、単価は震災前にキロ当たり八百円ぐらいだったのが、高いときで千円に達した。

「漁を行う船の数が減れば、その分値段は上がるだろうからね。何せ漁に取り組む人がまだ少ないし……」と阿部さん。近隣の浜を含めた表浜支所管内でアナゴ漁の経営体（漁家）は、震災前の四十に対し復活したのは約半分の二十二。最も盛んな小渕浜だけでも二十以上だったのが、

広い小渕浜の漁港に漁船の数は次第に増えてきたが、岸壁が沈み浸水しているため、接岸できない場所はまだまだある（手前）

三分の一の八経営体にとどまっている。これは船がまだそろっていないだけでなく、岸壁の地盤沈下で船を思うように接岸できないことも影響しているようだ。

「まず港のかさ上げ工事をしないと前に進まない。昔は数十隻の船が、漁場取り（確保）のため競争して一斉に出港したからね」と懐かしむ。

両親だけ浜の仮設住宅に

震災当時、阿部さんは両親の昭助さん（77）と瀧子さん（71）を車で石巻の街にある病院から連れて帰宅した後、私用で再び石巻へUターン。途中の荻浜で強い地震に見舞われたため、また自宅に引き返した。瀧子さんと子どもたちは家で、妻の恵美子さん（38）はワカメの選別作業をしていた岸壁でそれぞれ地震に遭った。

その後について阿部さんに振り返ってもらった状況は以下の通りである。

津波を予想し、龍勢丸を沖出ししようと港にいた父親（昭助さん）と急いで乗船し、仲間の船と一緒に田代島付近へ舵を取った。船は流れて来るいかだなどを避けるため、走りっ放しだった。船上で一夜を過ごし、翌日の昼ごろ帰港。自宅は跡形もなかったが、避難していた家族全員の無事を確認した。

その後、家族は避難場所を転々とした。最初は被災しなかった小渕浜の親戚宅に一週間ほど世話になった後、浜から離れた。二ヵ所目の避難先は石巻市立青葉中学校。浜からは遠い同市の西端にある。既にそこに避難していた姉や叔母たちと合流した。三ヵ所目が東松島市牛網にある妻の実家、そして二〇一一年九月に現在の同市大曲の借り上げ住宅に落ち着いた。この間、両親だけは地元へ帰りたいということで、小渕浜に設けられた仮設住宅に入った。自分が東松島市に残ったのは子どもたちの学校生活を最優先したためだ。長女は東松島市内の高校へ入学、長男、長女も震災後、同市内の小・中学校へ転校していた。

避難生活への対応で精いっぱいだったが、青葉中で過ごしていた一一年四月初め、自転車で通いながら石巻市中里にある叔母の家の修復作業を手伝い始めた。そのとき仕事をしていた建築業者の下でアルバイトとして働くようになり、遠くへ出掛けることもあった。四月半ばから六月末まで東松島市内の廃棄物処理会社に勤務後、七月になってやっと小渕浜へ行くことができた。

浜がどうなっているのか毎日、気掛かりだった。車がなかったし、その後車を借りられたものの、今度はガソリンが手に入らずイライラしていた。大工さんの手伝いと言っても、建築はプロでないとできない仕事だから、解体作業が中心だった。日給八千円ぐらいで生活を支えていた。浜での瓦礫処理の合間にも大工さんの手伝いをしたが、慣れない仕事だったので、思うようにできなかったことも多かった。

家族を養わなければならない大黒柱は、不安定で、不安な日々を送った。

中学のときから漁を手伝う

阿部さんは中学生のころから船に乗り手伝いをするなど、一家の長男として早くから漁業を継ぐことを決めていた。「夏休みには漁のアルバイトをして、いい小遣い稼ぎになった」と話す。四十七歳の中堅とはいえ、漁船に乗ってから三十数年にもなり、漁に対する鋭い勘を持ち合わせたベテランなのだ。

宮城水産高校を卒業した十八歳から正式に漁業に就いた。そのとき、父親の昭助さんはまだ若く、一人でも大丈夫ということから、阿部さんは他人の船に乗り、二十五歳になって初めて親子一緒に仕事をするようになった。昭助さんは体力の関係で次第に仕事を減らし、震災を境に全く携わっていない。

アナゴ漁の手伝いが順調にいっていることは喜ばしい限りだ。一方で一家を支える阿部さんにとって、今後の生活を考えると厳しい状況であることに変わりない。木村さんに助けてもらっていることに感謝したうえで、「今は完全歩合制で、一日の収入が三万円ぐらい。いいときは四万円ぐらいがなあ。震災前の半分にも満たない。雇われの身なので仕方ないけど……。しかも出漁するかしないかは天気次第なんだよね。漁のできるのが週に連続六日間の日もあれば、台風シーズンなんかは全くない日もあっからね」と不安がる。アナゴの漁期は十二月で終了するが、例年、阿部さんは十月で終わらせ、十一月から翌年二月までは二艘引きによる高級魚のサヨリ漁に携わっていた。自分の船が使えない今はそれもできない状態である。

全く先が見えない生活

不安に拍車を掛けているのが住宅の再建問題だ。

「県が事業主体の借り上げ住宅の契約は二年間なので、二〇一三年九月まで（その後、制度改正でさらに一年間延長が可能になった）。だが、その先は全く見えねんだ」と前置きし、三ヵ所に絞られている小渕浜の高台集団移転計画について「当初言われていた二、三年ぐらいで入れるなんて誰も思っていないよ。五年ぐらい掛がるんでない？」と冷静な見方をしている。

石巻市が実施した高台移転に関する住民意向調査に対して、戸建てと、月々家賃を払う公営住宅のうち、一応は公営住宅を選択した。これだって最終形という訳ではないという。

「浜に戻って漁業をやりたい気持ちはある。親だって長年生活を営んできた地元からは離れたくないと思っている。だけど移転する住宅は狭い部屋だろうし、それに妻と子どもは学校の関係で東松島にいることになるだろうから、みんな一緒に生活するのは難しいかもしれない。自分だけ浜に来るのか、それとも今まで通り東松島から通うかは、見通しが立たねえな」と困惑している。

被災者の多くは移転事業が遅れれば遅れるほど、不安に追い込まれ、さまざまな難題を背負うことになる。

跡を継がなくてもいい

住宅問題をはじめとする生活再建に関しては多額の資金投入が必要となる。それだけに安定した仕事を取り戻さなければならない。阿部さんが所有船を失わずに済んだことは不幸中の幸いといえる。船は一部を直して岸壁に係留している。

「これから船を完全に修理し漁具も用意しないとね。そうしないと新たな生活ができない。早く自力でやっていかないといけない。前の状態に戻れば気持ちが楽になるんだがなあ」と、本音を漏らす。

さらに「ただでさえ魚離れが言われているところに、原発事故による漁獲の禁止や風評被害などがあって、漁業は一層厳しくなるよ。おれは海の仕事しかできねえけど、息子には跡を継がなくてもいいからと言っているよ」と親の思いを吐露した。それほどまでに厳しい現状であることに正直驚いた。

祭りは心のよりどころ

神社の境内で取材をしていたら、社務所で笛や太鼓のにぎやかな音が鳴り出した。小渕浜青年実業団の面々が翌八月三日に開催される夏祭りのお囃子の稽古を始めたのだ。青年実業団は浜ごとに存在するが、メンバー不足の地区の中には活動していないところもある。小渕浜は後継者が比較的多い地区なので成り立っている。それでも現在の団員は三十人と、昔と比べるとかなり減ったという。このため、本来は四十歳ぐらいまでとしていた資格を四十代後半に引き上げた。浜では生活スタイルの変化もあって活動が少なくなり、今では祭りが大きな主催事業となった。浜では

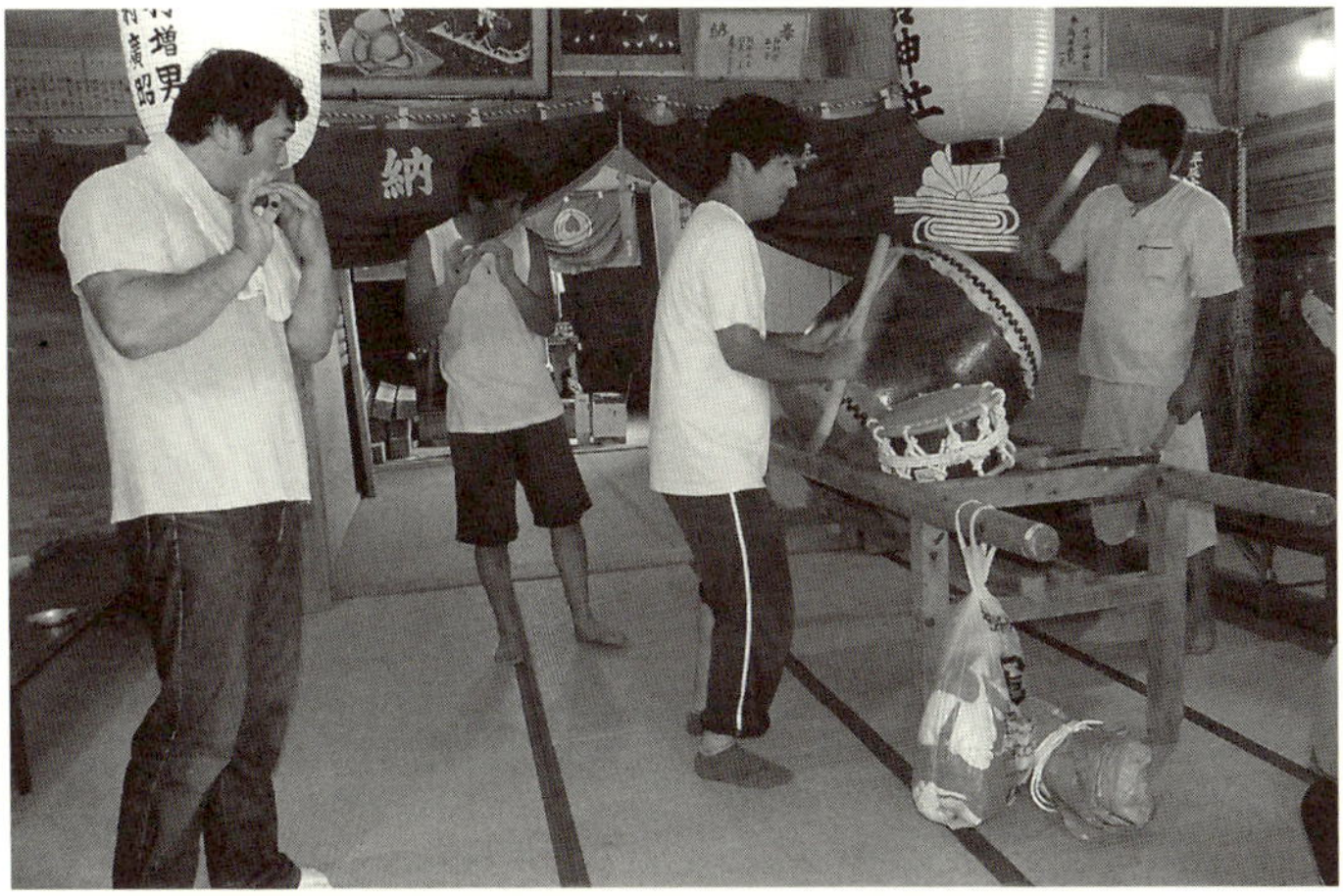

夏祭りを翌日に控え、神輿渡御で行うお囃子の稽古に打ち込む青年実業団のメンバー。時間を追って熱を帯びてきた

五十鈴神社の夏の例祭と正月の獅子振が伝統行事である。

阿部さんは震災二ヵ月前の一一年一月に団長に就いた。震災後、二つの祭りを続けるかどうか住民にアンケートを取ったところ、継続を望む声が圧倒的に多かった。震災のあった一一年に続いて一二年も八月三日に開催することにした。前日は住民の祈祷やお札を受け付け、夜籠りを行った。祭り本番の三日には宮司がお払いをして安全を祈願した後、神社から神輿を降ろし、軽トラックに載せて地区内をゆっくりと巡った。小さな子どもも神輿ももう一台の車で後に続いた。震災前は団員らが担いで威勢よく練り歩いたが、でこぼこになった道は歩きにくく危険なため、前年夏から車による行列に変えた。震災前まで開催していた出店など子どもを対象にした行事は体制が整わないことから中止した。

住民は仮設住宅に入居している人たちが多いため、隣の給分浜《きゅうぶんはま》を含む四ヵ所の仮設団地を重点的に回った。車列の先頭を歩いていたのが実業団副団長の漁業・後藤晴人さん（45）。小渕浜の自宅が流され、今は給分浜の仮設住宅で生活している。熱い日差しの下、法被姿で清めの塩をまく後藤さんの顔は汗でびっしょりであった。仮設住宅の団地からは、囃子の音を聞いた住民たちが神輿に近付き、用意されたさい銭箱に小銭を投げ込み、じっと手を合わせ拝んでいた。

リーダー役を務めた阿部さんに祭りの意義を聞いてみた。「神輿は担げなかったが、浜の人々の信仰心は変わらねえし、心のよりどころにもなっているんでは……。特に震災後は亡くなった人への供養とか漁業などの早い復興を願う人が多いだろうからね。それに仕事以外に集まる機会が少ない若い人たちにとっても貴重な交流の場になっているよ」と、絶やすことのできない大切な行事であることを力説する。

勇壮な出漁風景

祭りから二ヵ月余りが経過した十月六日、アナゴ漁へ出る直前に港で取材した。ここ数日、悪天候のため休漁が続いていた。この日の空も雲に覆われ、今にも雨が降りそうな天気だったが、漁は可能という。

船上に大量に積まれたアナゴ筒に餌のイカを手際よく入れる阿部さん（左）。この後、豊漁を期待して網地島周辺の海域へ向けて出港した

船長の木村さんと初めて会うことができた。私は記事にするとき登場人物の年齢を書くことにしているので、必ず生年月日を聞くようにしている。木村さんの月日は三月十一日であった。もう一度確認すると「そうなんだよ。あの日はおれの五十八歳の誕生日だったんだよなあ」と気さくに答えてくれた。その木村さんに阿部さんに対する感想を求めた。

「漁具がそろわないというから、おれのところで手伝ってもらうことにしたのさ。頑張っているから、おれも助かっているよ。なんて言ったってこの仕事に必要な経験が豊富だしな」と高く評価した。話の流れで木村さんはアナゴの漁期についても触れ、「年明けの一月ごろまで延ばすかも。だって漁が規制されて取れねえ魚もまだあるんだから……」と話した。

漁船には木村さんと木村さんの息子、弟、義兄に阿部さんを加えた五人が乗り組んでいる。早速、岸壁で仕込みが始まった。初めに、餌となるイカが運ばれてきた。冷凍庫に保存しているため硬くなったままだ。五人はナタ状の大きな刃物で細かく切りながら、その日の漁模様などを語り合っていた。木村さんは「本来なら機械で切るんだけど、津波で流されたから、手作業でやっているのさ。機械を取り寄せているところなのよ」と話してくれた。

この後、船に積まれていた千二百七十本の黒い筒にイカを手際良く入れていた。手伝いの女性二人も加わっての人海戦術であっという間に作業を終えた。岸壁が沈下し船を接岸できないため、小さな船外機から乗り移らなければならない不便な状態がずっと続いているという。

準備を整えてから、八隻のアナゴ船が漁場へ向け、スピードを上げながら次々に出港していった。阿部さんの生き生きとした表情があった。この時間が唯一、震災以降抱え込んでいる悩みを忘れられるときなのかもしれないと思った。

放射性セシウムの新基準値　福島第一原子力発電所事故を受け、魚や野菜などの一般食品に含まれる放射性セシウムの新基準が二〇一二年四月一日に施行。それまでの一キログラム当たり五百ベクレルから一キログラム当たり百ベクレルに厳格化された。基準値を上回った食品は市場へ流通できない。一三年一月一日現在、宮城県で基準値を超えたため国などから出荷制限が敷かれている魚種（海面）は、マダラ、ヒガンフグ、スズキ、ヒラメ、アイナメ、クロダイの六種類。ただし、六種類の中でも、県内で漁獲可能な海域と、そうでない海域があったり、マダラのように一匹当たりの重量によって制限されたり、アイナメのように基準値を超えなくとも福島県に近い海域で自主規制を敷いているケースもある。県漁協によると、被害補償は東京電力からその都度、規制魚種や自主休漁した春漁などの魚種についても支払われているが、補償対象にするかどうか検討中の魚種もあるという。宮城県沖のマダラの出荷制限は一三年一月十七日、全面解除された。

にぎわいへ砂浜の再生構想（十八成浜《くぐなりはま》）

住民は海の観光に強い思い

二〇一二年九月八日、石巻から向かって小渕浜の次の集落・十八成浜を訪ねた。震災前は砂浜が一キロほど続く牡鹿半島最大の海水浴場を擁していた。かつて私もここで幼い二人の息子たちと海水浴を楽しんだ体験を持つ。湾越しに広がる大きな離島・網地島《あじしま》の雄大な風景が印象に残っている。キャンプ場や海浜公園も備え、石巻や仙台方面のほか関東地方など県内外から最盛期には一シーズン十万人の客が利用した。しかし、この観光の核である砂浜は大津波で完全に流失し、岸壁周辺は約一・五メートルも地盤沈下。大潮や高波による浸水を防ぐため、海岸沿いには今でも黒い土嚢が延々と積まれたままだ。

この無残な光景を目にしたときには、既に地元の再生プロジェクトが動き出していた。行政区長の及川伸太郎さん（63）＝石巻市十八成浜字金剛畑＝の自宅を訪問して話を聞いた。及川さん宅は高台にあるため被災を免れた。震災後、自宅の敷地から一段下に新築したばかりの広い納屋に案内された。納屋といっても、木の香りが漂うロッジ風のしゃれた建物だ。再生計画の資料を前にした及川さんは開口一番、「この辺の住民には海の観光に対する強い思いがあるからねえ」。古里について語る言葉からは熱い思いが伝わってくる。プロジェクトの名称は「十八成浜ビーチ・スポーツエコパーク構想」。構想が生まれるまでは時間を要しなかったという。及川さんによると、その経緯の概要は次の通りだ。

一一年秋口に石巻市役所牡鹿総合支所の職員を交えて地区の復興会議を開催した。住民から「十八成浜の貴重な砂浜をこのままなくすのか、それとも元に戻すのか」という声が上がった。ここから海水浴場復活の是非をめぐる議論が始まった。

この浜で震災から三ヵ月後の一一年六月から継続して支援活動を展開する民間支援団体「愛知ボランティアセンター」（名古屋市）の提言も併せ、住民の結論は「復活」であった。にぎわいを取り戻すためには人を呼び寄せる観光事業が不可欠ということがその最大の理由である。そこで住民主導の構想づくりを進めていくことになった。

ビーチレジャーの一大拠点に

打ち出された構想の概要によると、年間数十万人が集まるビーチレジャーの一大拠点を目指す。そのために、かつて海水浴場があった海岸に新たに砂を入れ、海水浴場をよみがえらせる。

ビーチバレーやビーチサッカーなどの大会を開けるようにし、キャンプ場も復活させる。管理棟は津波避難所の機能を持たせるほか、ビーチの陸側には高盛り土道路や防潮林を設けるなど、災害対策を施す。

肝心の砂の再生はどうするのかを問うと、「地盤沈下した海岸には一部、砂が残っているけど、その量では足りない。どこからか運んできて人工ビーチにしようと、みんなの意見が一致した。その前に行政にしてもらいたいのが海岸沿いを通る県道2号（石巻鮎川線）の付け替えだよ。ビーチを確保するためには県道を含む背後地に砂を入れないとね。そうでないと事業は前に進まない」と、構想を実現するための段取りについて話してくれた。

第一の関門は県道の付け替え

第一に手掛けなければならないのは、県道の移転工事という。県の管理なので県に要望する必要がある。「いつも高波をかぶり冠水の危険性が高い現在の海岸道路だと安全面から言っても問題があり、それが付け替えの理由になる」との指摘に合点が行く。県へ要望する前に石巻市に理解してもらうために、一二年九月十四日、行政区の役員や愛知ボランティアセンターの代表らが石巻市役所を訪れ亀山紘市長に構想を示した。

この構想を進めるためには県のみならず、市もかかわらざるを得ない。なぜなら十八成浜の存

かつて海水浴場があった十八成浜の海岸線。砂浜は消え、浸水を防止するための土嚢(中央)が延々と続く。左の道路は幹線道の県道2号。構想を実現するには、この道の付け替えが第一条件となる

続にかかわる切実な復旧・復興問題が関係しているからだ。

被災跡地の利用計画は市内で初

浜の被害は大きかった。住民の一人は「高さが十メートル以上の津波が黒い壁となって襲来し、遠くに見える網地島がすっぽり隠れて見えなくなるほどだった。海と、地域を流れる川沿いに集中していた集落が甚大な被害に遭ったのさ」と証言する。

建物被害は空き家を含め約百三十戸のうち九十戸が流されたり、全壊したりした。被災率は七〇パーセントと高い。地区の犠牲者はお年寄り二人と、石巻の病院から車で帰る途中の一家三人、同様に用事で出掛けていた石巻の街から車で帰宅途中の一人の計六人。被災者は十

八成浜仮設団地の二十四戸をはじめ鮎川浜の三仮設団地に分散して入居している。

このうち、市が進めている地元の高台集団移転を希望しているのは約五十戸。順調にいけば一三年度着工、一五年度入居可能という。市は被災した土地を買い取り、移転促進を図る。

及川さんは「県道にかかる人工ビーチの場所と、その背後地は市が買い取る土地と重なる。だから地区、県、市の同時進行でやらないといけない」と三者による協力態勢の必要性を強く訴える。一石二鳥どころか一石三鳥・四鳥にもなる可能性があるのではとの期待感を伝えると「うまくいったらそうなるよね」と笑みを浮かべた。

この構想は、海岸線に面する集団移転後の住宅跡地にも砂を敷き詰める内容だ。最大被災地となった石巻市で集団移転後の土地利用が具体化するのは初めてとあって、亀山市長をはじめ市職員は関心を寄せているという。

一一年夏から牡鹿半島で住宅の再建を中心にした復興について調査している各大学の建築関係者による支援組織「アーキエイド」*は一二年七月、十八成浜の復興図を作成した。その中心となるのが高台移転に伴う住宅建設の手法と、それに関連した県道の付け替え、人工ビーチを核とした砂浜の再生だ。県道の新ルートとしては①現県道のすぐ北側②住宅集団移転場所の南側隣接地③住宅集団移転場所の北側隣接地——の三案を提示している。

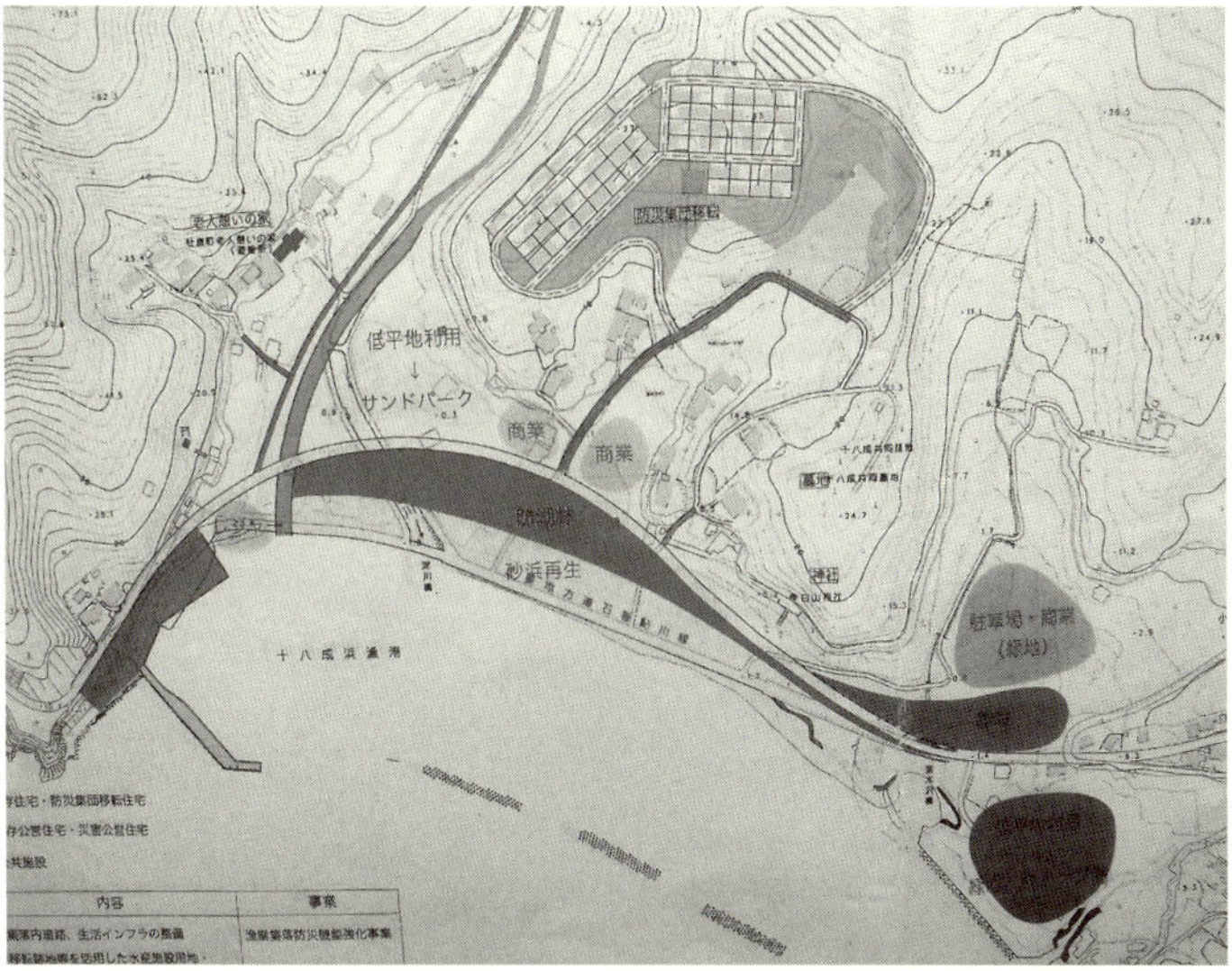

建築家の支援グループ・アーキエイドが作成した
県道付け替えや砂浜再生などの検討案１の図面。
案は３つ提示された

外国からの砂搬入も一案に

手掛けなければならない二番目は砂の搬入方法だ。これも大きな課題である。

及川さんによると、アーキエイドで十八成浜を担当している神戸大学の城戸崎和佐准教授から中東の国・カタールが話題に上った。城戸崎さんはカタールとつながりがあり、同国が日本の復興のため水産業や教育に八十億円を支援しており、その一環で、お金ではなく砂の支援を受けられないものだろうか、という内容であった。だが、砂漠の砂なので雑菌など検疫上の問題があるとのこと。過去にオーストラリアから日本に砂を運び入れた例はあるという。

十八成浜を取材後、間もなくの一二年

十月十四日付の河北新報に、カタールが女川町の女川魚市場買受人協同組合が整備していた待望の大型冷蔵庫建設資金として約二十億円を寄付したという記事をたまたま見つけた。震災復興の目的だけでなく、日本とカタールの国交樹立四十周年を記念した事業という。

最初、人工ビーチがどうしてカタールなのかと不思議だったが、この記事を読んで初めて疑問が解けた。震災ではいろいろな国から支援されていることもあらためて分かった。

外国からの搬入が困難なら、国内からとか、十八成浜の砂を掘って集めるとか、ほかの地区の例を調べれば解決方法は得られるかもしれない。費用の捻出法について市に働き掛けはしないのか――と水を向けると「震災前の海水浴場は市営だったが、今の市は復旧に追われて金がない。今回の構想はいろいろな方面から応援を得ながら、基本的には地区の住民たちで進めるしかない。最初は砂を入れるだけで、箱物はいらないさ。そうすればお金はそれほど掛からないはず。人を呼べるようになったら管理棟とかキャンプ場、宿泊所、レストハウス、遊歩道、ビーチバレーコートなどを徐々に増やしていけばいいんじゃないかなあ。あくまでも海水浴場が主役だから……」と、焦らず地道に前進していこうという気持ちを吐露する。

人工ビーチ建設につながる多くの土地は現在、被災者が所有する。市が買い取る際は地権者の同意が必要だ。かつてこの同じ被災地でゴルフ場の建設計画があったとき、一部の地権者の反対で実現しなかったことを思い出した。「市の買い上げ価格は一平方メートル当たり七千円と聞いている。同意の件は大丈夫だと思うが、手放したくないという人もいるかもしれないよね。そのときはそのときで説得する以外ない。そうしたことはこれからの作業だね」

半島から人がいなくなる

県道の付け替えと砂の搬入とともに課題とされているのは、誰が管理するのかということ。この浜も例に漏れず高齢化が進んでいる。「われわれで若い方だからね。外部からの応援も必要になってくるかも」。現に及川さんの長男も千葉県で医師を務め、二男は多賀城に住み父親が経営する石巻の会社で働いており、浜での生活は考えていないという。

もちろん管理の問題だって、今後検討していかなければいけない事項だね。今は計画・構想というよりも、まだ夢の段階だ。しかし、こうした思いを実現させないと牡鹿半島から人がいなくなってしまうよ。素晴らしい立地条件を生かし、まずはやれるものからやっていきたい。

この構想を住民中心で具体化するために、近く「一般社団法人十八成浜ビーチ・海の見える丘協議会」を発足させる予定という。地区の沼倉憲一さん（65）＝石巻市十八成浜字十八成＝を代表者とし、及川さんら数人が理事に名前を連ね、地区一丸となって進めていくことにしている。沼倉さんは自宅を流され、現在は石巻市鮎川浜の仮設住宅で暮らしている。

歴史的に漁業者が少ない浜

十八成浜の特徴は、漁業を生業とする人が少ないことである。漁業者は牡鹿漁協十八成支部長の後藤昇さん（58）＝石巻市十八成浜字大嵐山＝一人だけ。震災前は湾内でワカメ養殖や、アワビ、ウニ漁などに二十人ほどが取り組んでいたが、いずれも兼業とか趣味程度の人たちだ。この人たちは震災によって小型船を失い、漁にはまだ出られないままでいる。

浜にあった三十隻の小型船はすべて流失した。後藤さんは中古船を調達して使用し、ワカメ養殖や刺し網漁などで何とかしのいでいる。今後、浜には新たに十隻入る予定だ。しかし、岸壁は地盤沈下により接岸できる場所がほとんどない。「早く桟橋を造ってもらわないと、どうしようもない」と及川さんは嘆く。十八成浜の港は石巻市管理の第一種漁港に指定されているが、復旧工事は未着工。半島の浜ではかなり遅れている方だ。及川さんに、やはり漁業者が少ないせいでしょうかねと尋ねると、「そうかもね」とポツリと語った。

浜なのに漁業者が少ないのには訳があった。捕鯨が盛んだった時代、十八成浜には複数の捕鯨会社があり、重要な基地となっていた。鯨の肉や脂を取り出した残骸を肥料にする工場も立地していたほど。このため、捕鯨船の乗組員をはじめ鯨関連の企業にサラリーマンとして働く人たちが多かった。「鮎川が捕鯨でにぎわう前のことで、こちらが先輩格と言えるかも」と説明する及川さんは、高台にある自宅前の納屋から遠くの湾内に迫る山あいの方角を指さしながら「ほら、ちょっと奥深い所、小島があるよね。その近くなんだけど、今は下水道の浄化槽がある場所で、そこが大洋漁業の跡地。鯨洋という会社もあった。公務員もおり、そうした流れが今も続いている訳だ」と歴史的な経緯を詳しく教えてくれた。

社長兼区長の多忙な日々

及川さん自身もサラリーマンを経て、石巻市蛇田で創業三十四年になる無線機器を取り扱う会社を経営している。区長は震災から一年余りが経過した一二年四月に就任し、会社社長兼区長の忙しい日々を送る。石巻高校在学中は水泳部のキャプテンを務め、浜で培った泳力を発揮した。

震災時のことについては次のように話してくれた。

当日は八戸市へ出張していた。翌日午前二時ごろ、仕事の関係で蛇田に構えていた別宅に到着。妻・祥子さん（56）が蛇田から十八成浜の自宅へ帰る途中に震災に遭い、同市渡波の宮城水産高校に避難していることを確認後、自宅まで歩いてたどり着いた。震災から三日目のことであり、蛇田から約四十キロの道のりを十時間掛けての苦しく、厳しい行程だった。

自宅は高台にあるため無事であった。九十五歳になる母親・稔子さんが気丈にも、避難してきた住民九人の面倒をみていた。車がないので、その後十日間は副区長（当時）として地域の世話に当たった。被災しなかった民家や車中で寝泊まりしていた人たちに、各家から調達した食料品を分けた。いつまでもそうしていられないため、みんなで協力して老人憩いの家に避難所を設けた。被災住民の中には鮎川の避難所へ行ったり、空き家を借りたりした人もいた。その年の八月になってやっと仮設住宅に入居することができた。

別荘地にも最適の環境

十八成浜は昭和三陸津波（一九三三年）で大きな被害を受け、チリ地震津波（一九六〇年）でも家屋への浸水被害があった。及川さん宅は十五年前に海に近い平地から今の高台に移ったという。過去の教訓からですかと聞くと「新築する際、同じ場所では敷地や道路が狭すぎたので、その周辺に土地を求めたんだが、なかった。仕方なく山を造成して現在地に移ったのが真実さ」と笑いながら語ってくれた。

自宅のすぐ下にあった車庫と納屋は地震で倒壊したため、震災一年後の一二年三月に納屋を建て替えた。木造平屋二十三平方メートルと、ゆとりある広さの室内は物を置く倉庫というイメージは全

新築した納屋で地区役員に電話しながら、浜の復興について話す及川さん。納屋といっても室内は広くて明るく、しゃれたロッジ風の建物で、会議室としても使用。自らが経営する会社で扱う無線機器も数多く置いている

くない。今は地区の会議室としても活用している。

及川さんに取材したこの日は、真っ青な海原が一層映える好天の日であった。眺めはいいいし、宿泊もできるような、まるで別荘じゃないですかと率直な感想を述べると、「鈴木さん（著者）が言う通りなのよ。十八成は気候的に穏やかで、しかも風光明美な所だし、余生を過ごすのにも最適と思うんだがね。釣りをすんのにも絶好の場所だよ。いずれはこの浜の高台が別荘の適地というPRもしていきたいと思っている」と語った。その言葉に、生まれ育った浜に大きな誇りを持っているということを強く感じた。

地名の由来も豊かな自然から

美しい風景がパノラマのように眺望できる十八成浜。その地名の由来に以前から関心があった。この機会にと思い調べたところ「海辺に自生した『莎《くぐ》』が茂っていた場所という意味ではないかと推察される。莎草はカヤツリグサ科の多年草。茎は緑色で三稜。高さが三十〜五十センチ。ハマスゲの別称」(『いしのまき　ふるさと知図帳』)とあった。

この説だとどうして「十八」と書くのか分からない。また、インターネットで検索したところ「乾いた砂の上を歩くと『キュッキュッ』と鳴る鳴り砂であることから『九+九=十八成』となったという説がある」とあった。「昔、地区が十八軒の家で成り立っていたからではないかという説もある」とも。どれも定かではない。いずれにせよ豊かな自然の中から引用して名付けられたのではないかと思っている地元の人たちが多数のようだ。

石巻全体の活性化に結び付く

地名の由来が物語るように、十八成浜は漁業で成り立っている地区ではなくて、観光に依存してきた所だ。だからこそ、住民たちは再生プロジェクト「十八成浜ビーチ・スポーツエコパーク構想」に熱い思いを抱き、実現を待ち望む。「半島全体、石巻全体の観光の目玉として集客力を高め、ほかの地域の見本にもなりながら、浜の活性化を図りたい。雇用の場の確保にもつながると思うんだよね。さっき別荘の話が出たんだけども、隣の浜の鮎川には牡鹿病院がある。ここに老人施設も誘致したい。海あり山ありのこの浜を終《つい》の棲家《すみか》として移住したいと思ってもらえるような場所にしていきたいよね」

及川さんはさらに続けて語る。

「お金の集め方はまだ考えていない。まずは構想を推進していき、多くの人たちに知ってもらうことが大切だ。ビーチを造ったからといってすぐお金になるわけでない。進めていく段階で何が必要なのか考えていく。儲けるということではなく、地域貢献、地域再生という意識を持たないといけないいんじゃないかなあ」

激務こなしながら旗振り役

及川さんは震災前と同様に、平日は十八成浜と蛇田間を往復二時間掛けてマイカー通勤。土・日曜と祭日は主に地区の仕事をこなす多忙な日々を過ごす。会社にいるときでも市役所牡鹿総合支所の担当職員や区の役員と連絡を取りながら区長の仕事をすることも多い。社長と同じように区長職も激務だが、「引き受けた限りは、やるしかないね」と、地区の震災処理業務を続けながら、ボランティアとともに人工ビーチ構想の旗振り役として汗を流す。

及川さんが言うように、この構想は十八成浜の問題だけではなく、牡鹿半島、そして石巻市全体の復興を大きく左右する観光事業のような気がする。行政側も真剣に耳を傾けるべきである。実現までには幾つかのハードルはあるだろうが、一つひとつ乗り越えて、ぜひゴールに達することを祈りたい。

取材してから三ヵ月後の一二年十二月、及川さんから連絡が入った。協議会は予定通り一般社団法人化され、具体的な構想案も決まったという。それは次のような事業内容であった。

砂浜跡地と住民の高台集団移転による海岸沿いの住宅跡地五ヘクタールに約五万立方メートルの砂を敷き詰め、天然ビーチと人工ビーチを造る。クラブハウスや宿泊施設も設置し、ビーチバレーなどスポーツ大会を誘致する。砂はアーキエイドの城戸崎さんから助言のあったカタールに協力を要請するとともに、約十三億円を要する事業費もカタールの復興支援基金からの助成を求めていく。オープンの時期は二〇一四年夏が目標。三年目以降、年間十万人の利用客を見込み、経済効果は十億円と試算した。

アーキエイド　語源は「Archi Aid」（建築支援）。全国の建築家や大学生らによる被災地復興支援ネットワークで、建築の立場から、各浜の住宅高台移転などを中心とした復興図を描くプロジェクトチーム。一般社団法人アーキエイド（仙台市）として発足。調査対象は牡鹿半島と網地島の石巻市分三十浜、石巻市雄勝地区、南三陸町など。二〇一一年六月二十四日から参加者を募集。十五チームの調査隊が発足し七月二十日から調査を開始、浜ごとに住民との話し合いを交えながら復興図を作成、八月に入ってから石巻市に提案書を提出した。八月六日から十一月二十六日まで横浜市内でサマーキャンプの成果を発表する浜の模型などの展示会を開き、関東地方でも半島の未来を考える場となった。支援活動は一二年以降も継続中。調査活動を通じて各浜との交流が深まり、住民の多くがこの団体を知るようになった。

消すまい鯨歯工芸の灯（鮎川浜《あゆかわはま》）

材料集め鯨の町らしさ残す

県道2号（石巻鮎川線）の最終地点に差し掛かると、震災前なら眼下に望めた街はもうない。見えたのは全壊した建物や、地盤沈下によって浸水した岸壁の荒廃した光景であった。それが牡鹿半島最南端の浜で、半島では最も大きな街を抱えていた鮎川浜であった。

車を進め、石巻市牡鹿総合支所へ向けて信号を左に折れると間もなく、右側に仮設商店街「お*しかのれん街」が出現する。二〇一二年九月二十四日の平日にもかかわらず、鮎川浜ではそこだけ人の出入りが目立つ。被災後の状況を見に来たのだろうか、県外ナンバーの車も止まっていた。食堂には復旧の工事業者と思われる人の姿が数人見られた。のれん街は木造平屋の二棟で構成。店子の一つとして鯨歯工芸品の店が入っており、鯨のまちらしさを残していた。「千々松商店」である。鯨の歯を工芸品に仕上げて販売する店だ。

奥で代表の千々松正行さん（58）＝石巻市鮎川浜丁＝がイスに座って、道具を手に下を向きながら懸命に作業に取り組んでいた。店には同年七月八日にも訪問しており、後日の取材をお願い

店の片隅で、津波に流されずに残った鯨の歯を材料に
工芸品の制作に取り組む千々松さん

していた。職人なので堅苦しくて、取材も難しい人なのかと心配していたら、予想に反して気さくな人だったので安心した。

千々松商店は、鮎川港の近くに構えていた住宅を兼ねた店舗が津波によって流されてしまった。しかし、工芸品の材料となる鯨歯の一部を瓦礫の中から見つけ出し、集めて保管している。千々松さんは三代目である。師匠でもある父親の行隆さん（84）は九死に一生を得たが、震災であまりにも大きな衝撃を受けたことや避難生活を強いられたこともあって、仕事をしようとすると、かえって気持ちが不安定になってしまうという。このため、震災をきっかけに仕事を休み、今は千々松さん一人が、かつて捕鯨基地として栄えた鮎川浜で鯨歯工芸の灯を守っている。

震災後、職人技の主流は判子

ショーケースには、鯨や亀などをあしらったストラップやブローチ、ペンダント、指輪、靴べラ、判子をはじめ大小さまざまな工芸品がズラリと並べられていた。すべて鯨歯で繊細に仕上げられており、実に美しい。

千々松さんは開口一番、「家族全員の命が助かったことが何にもまして良かった」と言い、「次いでうれしかったことは鯨歯の一部が津波に打ち勝って残ったこと。これらがなければ私は何もできない。神のお告げと思い、材料が尽きるまでこの仕事を続けていく決意をした」と話す。

震災後、制作の中心になった品が判子だという。判子を流されてしまい、り災証明など各種手続き用に新しいものを求める人が増えたのだ。このため、お得意さんだけでなく、よその地区の印舗を通じて新規の顧客も現れたという。

「ウチは商売ができていいんだけれど、証明書なんかは特例で、判子がなくてもサインで済ますことができればいいと思うんだがね」と、被災者を慮《おもんばか》るようにつぶやいた。

判子が主流となっている訳はもう一つあった。「震災後は観光客が来ない。買ってくれたとしても、大半がボランティアの人たちだからね。注文品の判子以外は作っても売れるものではないし……」と声を落としながら、まだ厳しい状況であることも語ってくれた。

この日も「ビーン、ビーン」という硬い物を削る鋭い音を立てながら、判子作りに精を出して

ショーケースにはアクセサリーをはじめ数多くの美しい鯨歯工芸品が並べてある

いた。実際に手にして使って見せてくれたのが「ルーター」という小さな加工機材だった。彫ったり、穴を開けたりする道具で、ボランティアの人が支援物資として持ってきてくれたという。歯科医師が使用するような機材である。

もう一つ紹介してもらったのが印刀と言われるもの。彫刻刀と同じ形をしており、判子を彫るときのほか、鯨歯を削るのに使うという。これらで素早く滑らかに削る様は、まさに職人芸である。

朱肉で徐々に赤みがかる魅力

千々松さんは突然、判子を手にしながら言い出した。「ほら、これって完全な丸でないでしょ。今は全部、手作業なので完璧に丸にはできない」という。その詳細について語ってくれた。

　以前は旋盤による作業が主だった。その機材はコンクリート床に固定していたため、流されずに瓦礫に埋もれていた。ボランティアの人に見つけ出してもらったが、海水に漬かり動かなくなっていた。だから、今は旋盤なしの状態が続いている訳。

旋盤はいいものだと一千万円を超える高価なものなんだよね。とても手を出せる金額ではない。でも判子や指輪などを作るのに重要な機材だし、あれば作業の効率化も図れる。だから中古で安い物を探しているところなんだよね。旋盤に限らず、道具は半分もそろっていないので、何とかしなければ……。

千々松さんは鯨歯を素材にした判子の魅力について語るとき、言葉に力が込もった。

　人気の秘密は色なんだよね。朱肉が次第に浸透し、判子全体が赤みがかってくる。価格の大きな違いは太さと長さなの。一般的な判子では一本四万八千円ぐらいだが、ウチは三万八千円ぐらいのサービス価格で提供しているよ。直径十八ミリ、長さ七十五ミリの特別製だと二十万円ぐらいする。判子専門店から材料の注文が来るほどだからね。

既に使っている判子を実際に見せてもらったら、確かにうっすらと赤みを帯び、鯨歯の特徴を表している逸品であった。

手相、家相があるように判子にも印相がある。印鑑を替えれば運が開けることを「開運吉相印」と言う。「印材や書体など印鑑に縁起を求める人はいつの時代も少なくない。これが地道に売れる要因でしょう。だからこそ、お客さんが『吉』になるよう、立派な判子作りを心掛けないとね」とつぶやいた。震災後、とりわけ判子の制作が忙しいとも続けた。

代々の備えが店の苦境救う

鯨歯って言うけれど、どの鯨の歯でも活用できるものだろうかと、単純な疑問を抱き、聞いてみた。

マッコウクジラだけを使っている。なぜかと言うと大型の鯨で唯一、歯を持つ種類だからで、同じハクジラの種類であるツチクジラは体も歯も小さいし、数も少ない。規制でマッコウが捕れにくくなったため、材料も入らなくなってきた。

そう言えば、大型の鯨は多くが歯を持たないヒゲクジラの種類だということを、かつて鯨の図鑑で見たことを思い出した。千々松さんの説明でまた疑問が浮かんだ。それは、鯨歯を新たに仕入れることが難しくなれば、工芸品の制作を続けることも困難になるのでは——ということだ。その問いに対しては「以前、南氷洋や北洋で捕獲したマッコウの歯を大洋漁業などの捕鯨会社を通じて仕入れた。震災によってだいぶ失ったが、大量に捕れた時代に大量に購入していたので困ることはない」と予想外の返答であった。先代、先々代らの備えが、震災で苦境に立たされた店を救った大きな要因と言えるのかもしれない。

鯨にも虫歯があり、それが材料となる芯の部分にできるので、良い原材であっても犠牲にしなければならないという話も面白く、興味深かった。

マッコウの歯がいっぱい

「そこの箱に入っているのは全部、鯨の歯だよ。津波で流されたが、傷も付いていないよ」と指差した先には数個の段ボール箱が積まれていた。了解を得て開けてみた。中には加工された鯨歯がいっぱい入っていた。これがあのマッコウクジラの歯なのか。白くてツルツルした感触を確かめた。

「それは三十年以上前に仕入れた歯だな。津波で水に漬かったけれど、ボランティアの人たちが運び、きれいにしてもらった」という。

鯨歯でないと明らかに分かるものもあった。「ああ、それは鹿の角。知り合いから『使ってみたらどうかな』と譲られた。一度も使用経験はないが、ストラップなどとして売り出そうかとも考えている。増えている鹿対策にもなるし、何より牡鹿の鹿というブランドにもなるかもしれない」と快活に笑った。

このほかにもショーケースには鯨とは全く関係ないような大きな物が展示されていた。「それは水牛の角。やはり知人に譲ってもらった。店を再開したときに、ケース内にまだ余裕があったのを見て『飾ってみたら』と薦めてくれた」という。また、最近になって鯨の缶詰も置いて販売しており、県内外から訪れた人たちの関心を呼んでいる。震災後の厳しい状況下、鯨歯だけでない品々を飾るなど、新たな試みに挑んでいる千々松さんだ。

最初に開き最後に残った店

今では貴重になった業種の鯨歯工芸・千々松商店の歴史を知ることは、今回の取材では欠かせないことであった。千々松さんがこの仕事に就いた経緯も併せて紹介してもらった。

開店したのは一九二八年。創業八十四年になる。父親・行隆さんが生まれた年だ。創業者は祖父の故・儀三郎さん。祖父はマッコウクジラの基地でもあった佐賀県唐津市に住んでいたが、基地として繁栄しマッコウの歯が手に入りやすくなった鮎川浜に移住した。千々松の姓は鯨の基地を抱える九州や山口県下関市周辺に多いと聞く。

鮎川浜には祖父が移住するまで鯨歯工芸の専門店はなかった。昔は歯だけでなく骨も材料にしたこともあった。鮎川浜には同業者が最も多いときで四軒あった。私が小学生のころだったと記憶している。その後、後継者がいなかったり、マッコウの捕獲に規制が強まってきた三十年ぐらい前から材料不足になったりして、結局は二〇〇五年にウチ一軒だけになった。

私は三人きょうだいの二番目だが、子どものころから手伝っていた父親の仕事が好きだったため、跡を継ぐことをすんなりと決めた。兄が会社に就職したということもある。中学生から大学生のときも、歯をヤスリで磨いて滑らかにし、最後に耐水ペーパーをかけ、父親が修正して一つの製品を仕上げていたことがあった。

大学を卒業後、川崎市で判子を彫る修業を積み、二級印刻師の資格を取得。三年半後に帰郷し、家業に就いた。千々松商店はそれまで判子を彫る作業は外注としていたが、彫ることも重要とみた父親に修業に出された。鯨歯工芸と判子作りは別世界のようであるが、彫るということでは共通しており、しかも同じ道具で彫れる。修業のおかげで今の私がある訳だから、父には感謝しないといけない。

鯨歯を工芸品として加工し制作している業者は全国でも珍しくなった。今は長崎などにあるものの、この周辺ではウチだけになってしまった。もともと、少ない業種に加えて、材料が手に入らなくなってきたのが大きな理由である。

天皇に献上した自慢の作品

先代の父親、先々代の祖父を尊敬していることが千々松さんの言葉の端々からうかがえる。工芸品の制作について「祖父の時代、主流は（たばこの）パイプで、このほか判子、指輪、靴べラ、そして、今は作っていない、鯨の骨を利用した長いステッキだった。祖父が店の基盤を築いたことは事実だろうね。父の代になってブローチなどの装飾品が多くなった。父は祖父に子どものころから徹底的にたたき込まれ、象牙の工芸も学び、三味線のばち作りを習得したからね」と実績を紹介する。

続けて「たばこが普及していたころ、特に刻みがあったときパイプは作れば作るほど売れたが、次第に下火になった。着実に需要があるのはやはり判子。ここ数年人気が高かったのはストラップとブローチかな」と話す。鯨歯工芸も時代をより敏感にとらえながら制作に取り組まなければならない仕事のようだ。

直接指導を仰いだ父親についても、さらに次のような印象深い話をしてくれた。

先代の自慢は、自作の靴ベラを昭和天皇に献上したことである。戦後の一九四七年、巡幸のため訪問された女川町で差し上げ、大いに喜ばれたという。これは大洋漁業から依頼されて制作したもので、護衛していた五人にも贈呈した。その何年か後に護衛官の一人が再訪した。その際、父が「記念に取っておきたいので譲ってくれないか」とお願いしたところ、護衛官から「こちらだって記念の品だ」と断られた。その父は震災前まで道具の一つとしてナタを使っていた。荒削り段階の作業には最適とよく言っていた。私は使用したことがない。恐らく日本でも父以外にいなかったと思う。文字通り大ナタを振るうといった感じで、その技術をみんなに披露したいくらいの豪快な光景だった。父も祖父も人前に出るのが好きでなく、職人芸を競う大会などには興味がなかったというが、高い技術を持つ二人なので、もったいない気もした。

1個1個拾い集めてもらう

千々松さんの家族は妻の敬子さん(57)と高校生の長男、専門学校生の長女、父親の五人。震災前は父親だけが店舗兼住宅に住み、四人は市営アパートに入居していた。千々松さんによると、一一年三月十一日は以下のような様子であったという。

私は石巻の市街地から鮎川浜へ帰る途中の荻浜で津波に遭遇した。県道2号（石巻鮎川線）を引き返し、高台に駐車して車中で一晩過ごした。翌朝六時ごろから知り合いの三人と一緒に歩き、五時間掛けて鮎川浜に着いた。大津波で破壊された状況に、これが鮎川なのかと信じられなかった。わが家の店舗兼住宅は完全に流失しており、父のことはあきらめていたが、間もなく無事に避難したことを確認。妻子も助かったことが分かった。避難所生活を送った後、七月初旬に仮設住宅に入った。その仮設住宅は狭いため、父は市街地のマンションに住む私の兄の所に今も世話になっている。高齢の父は津波が押し寄せてきたときに、急な坂道を駆け上がって逃げた。この坂は一九六〇年のチリ地震津波のときにも逃げた道だという。今回、よく逃げられたものだと思った。以来父は足腰がめっきり弱くなってしまった。

鯨歯について千々松さんは「瓦礫の中から見つけたのは五分の二ぐらいかな。倉庫には、使わなくなったナタのほか、ノコギリやヤスリなどが流されずにあった。ボランティアの人たちが家族と一緒になって大小の鯨歯を一つひとつ拾い集め、きれいに洗ってくれた。それが今につながっている訳だから、ボランティアの皆さんは自衛隊とともに大功労者だよね」と語る。

津波で全壊した鮎川港は浸水して、
機能が失われたままだ

川崎の兄弟子が道具持参

仕事を再開した直接のきっかけは何だったのか聞いてみた。「修業していたときの兄弟子がわざわざ川崎市から道具を持って来てくれた。このときは本当にうれしかったね。やる気がわいてきたので、避難先の石巻市牡鹿総合支所の一角を借りて仕事を始めた。それは震災から二ヵ月後の五月十日だったと覚えているよ。り災証明書用の判子はもちろん、ストラップ作りにも打ち込んだ」と当時を思い出す。

実際に再スタートを切ったのは、おしかのれん街がオープンした一一年十一月十八日と言っていいだろう。それも運良く入店できたという。「のれん街への申し込み者の中に辞退者が出たことを知り、すぐに出店を申請した。そこならきちんとした仕事場になるし、店を持つことはお客さんの信用にもつながるしね。だから入ることが決まったときはうれしかったね」と振り返る。

今後、店舗と住宅をどうするかについては、今のところ全く分からないという。「従来あった店舗兼住宅の場所は、海に近いため、新築できるにしても店舗なら可能かもしれないが、住宅としては無理だろうね。こうして私たちが予想したってどうしようもないことなので、行政側が早く商業・観光区域などを定めてほしい」と動きが取れない状況に困っている。石巻市は避難ビルのタワーを建設する構想を打ち出していることに関連して「希望する店舗も入れるようにしたらどうか。これまでだって再開したかった店はもっとあったはず。状況が見えないため対策を取れなかったような気がする。とにかく情報がほしいよね」と要望する。

自宅は、防災集団移転事業として実施される四ヵ所のうち、旧おしかホエールランドに近い高台に設けられる一戸建て公営住宅への入居を申請しているという。

三代目は後継者問題についても言及してくれた。

「技術を絶やさないためにも息子に跡を継いでほしいんだけどね。美術系を希望しており、私より器用なんだけれども、どうなるかは分からないね。妻は公務員とか民間のサラリーマンを望み、後継には反対している。それが親心というものなんだろうかね」と、ややトーンが下がったが、「今を生きることに集中しなければ」と前を見つめる。

盃の制作に夢をつなぐ

「私は、技術的に優れた父や祖父のただの延長で仕事をしているようなもの」と謙そんする千々松さんだが、ショーケースには自身が手掛けた見事な作品群も並べてある。

震災前から、どうしても制作にチャレンジしたい工芸品があり、それが頭から離れないという。「以前、鯨歯を見た陶器職人から『盃を作れるんじゃないか。きっとヒットするぞ』と勧められた。確かに作れないことはない。問題なのが鯨歯は酒が染みやすいこと。染みの防止策が必要となる。旋盤がないとできないことなので、その準備をしないといけない」と課題を挙げるが、「未知の世界なので、やってみないと分からない。生活が落ち着いたら挑戦したい」と盃作りの夢を持つ。

名人の祖父と父親も試みていない工芸品の制作が実現するよう望みたい。そのときこそが千々松商店にとっての創造的復興と言えるのかもしれない。

一二年十二月七日夕、東北地方で東日本大震災の余震とみられる最大震度5弱の地震が発生、鮎川浜で一《メートル》の津波を観測した。三陸沖を震源地とし、地震の規模はマグニチュード（M）7・4だった。鮎川浜の状況が心配だったため、千々松さんへ携帯電話で連絡した。車で仙台から帰る途中だった千々松さんの「鮎川の仲間に聞いたら、大丈夫ということだったよ。のれん街も浸水被害はないというから」との電話の声に胸を撫で下ろした。

おしかのれん街　二〇一一年六月二十九日から毎週水曜に石巻市牡鹿公民館前で行われていた復興市が前身。ボランティアで東京から訪れた遠藤太一さん（39）の発案で仮設商店街構想が石巻市牡鹿総合支所と同市牡鹿稲井商工会に持ち込まれた。間もなく牡鹿復興支援協議会が発足。ＮＰＯ法人・ＪＥＮ《ジェン》（東京）がドイツの慈善団体・ＨＥＬＰから約八千万円の資金援助を受けて、石巻市鮎川浜字湊川に、のれん街の建物や空調などを設備、敷地は石巻市が提供した。一店舗の広さは約二十平方メートル。鯨歯工芸、食堂、鮮魚、野菜、米穀、日用品など十六店舗が入り、二年間、無償で建物を借りて営業する。千々松さんもＨＥＬＰから出店資金として五十万円の援助を得、ショーケースなどの購入に充てた。一二年十一月十八日には一周年感謝祭が開催され、地元仮設住宅の人たちや、遠くで避難生活を送っている鮎川浜の人、ボランティアらが多数集まり、各種イベントを楽しんだ。牡鹿稲井商工会によると、牡鹿地区には百二十の会員がいたが、震災でほとんどが営業できなくなった。

90歳の元捕鯨船長がエール（鮎川浜《あゆかわはま》）

津波避難ビル内に後継施設

捕鯨の文化や歴史を学ぶ観光施設「おしかホエールランド」は、津波によって全壊し、今も休館中だ。目の前の岸壁は沈下し、大きな亀裂が走って危険な状態が続く。牡鹿半島の観光拠点は見る影もなかった。

管理・運営する石巻市によると、近く解体することにしているが、博物館的機能は現在地周辺に新築する予定の津波避難ビル内に残す構想を持っており、*捕鯨基地として栄えた鮎川のシンボルを保つ計画でいる。津波避難ビルの建設事業は二〇一三年度までには基本構想を策定。特産品販売や食堂などを備えた施設の中に、ホエールランドの機能を併せ持たせる考えだ。流されずに屋外に展示されている捕鯨船・第16利丸（全長約七十《メートル》）はホエールランド跡地にそのまま残すという。

館長の成田昭彦さん（50）＝石巻市牡鹿総合支所企画調整課課長補佐兼務＝は「捕鯨文化を継承していくために、形を変えても残さないといけない。展示内容は今後検討していくことにな

全壊した「おしかホエールランド」。展示されていた捕鯨船「第 16 利丸」は残った。前方の岸壁は地割れで危険な状態になっている。この付近には津波避難ビルの建設が計画されている

る。観覧を有料にするのか、無料にするのか、それによっても中身が違ってくる。岸壁の復旧工事は一三年度まで行われる予定でおり、背後地のかさ上げも含めた整備状況に合わせて計画を推進したいと思う」とホエールランドの後継施設について説明する。

貴重な展示資料は一時移管

石巻市が国土交通省と気象庁のデータから分析した津波検証報告書によると、一一年三月十一日、津波が最も早く到達した地域が鮎川浜であった。地震発生から二十四分後の午後三時十分で、津波の高さは十一メートル。東北大学の再現計測に基づく津波の速度は、海岸部でおおむね秒速十メートル（時速三十六キロ）程度。市街地の津波到達はそれよりも最大で四十分

遅かった。鮎川浜は地震発生後、短い時間で津波に襲われたことが分かった。建物の被災は六百九十七戸のうち三百七十六戸、犠牲者は十七人、行方不明者は六人となっている。

成田さんの話では、海岸に立地するホエールランドも一瞬のうちに黒い大津波にのみ込まれた。水に漬かりながら辛うじて残った希少なマッコウクジラ（全長一七・六メートル）とコククジラ（同七・八メートル）の全身骨格標本、鯨の部分的な骨や歯、捕鯨砲、銛《もり》、解体用包丁は京都にある専門の保存業者へ、各種小物類五十九点は仙台市科学館へ、鯨の胎児液浸標本（ホルマリン漬）は東京の国立科学博物館へそれぞれ運ばれ、一時保管されている。書類関係はすべて流失した。

ホエールランドは、学術的資料館の要素が強かった旧牡鹿町立鯨博物館（一九五四年開館）をリニューアルして九〇年にオープン。県内外から見学客が訪れ、人気を呼んだ。職員は震災前まで五人いたが、現在は牡鹿総合支所の二人が兼務職員として再開の準備に当たっている。

その牡鹿総合支所は高台にあるため津波を免れ、避難所の一つになった。近くにあった公民館や消防署などの公共施設は平地に立っていたことから全壊した。消防署は現在、総合支所の敷地内に間借りしている。

世界の荒波で鍛え今も元気

被災者の中に二〇一三年一月十二日で九十歳になった元捕鯨船長がいる。その人は伊藤伋《じん》さん

日課として新聞を読むことを欠かさないほど元気な
伊藤さん。今は仮設住宅で暮らしている

＝石巻市鮎川浜南＝。日本水産（日水）一筋に働いてきた捕鯨マンだ。震災は、捕鯨基地だった鮎川の衰退に追い打ちをかけた。にぎわいを見せたかつての鮎川を知る伊藤さんがどんな心境でいるのか知りたくて、一二年九月二十三日、避難生活を送っている石巻市立鮎川小学校敷地内の仮設住宅を訪問した。

話を聞いてまず驚いたのが、高齢にもかかわらず、あの日は一人で車を運転して高台に避難し、助かったということである。今は長女の宍戸鈴子さん（61）＝仙台市＝に面倒を見てもらいながら暮らしている。面倒を見てもらうといっても、耳が少し遠くなったくらいで、顔のつや、声の張りからは年齢を全く感じさせず、想像していた以上にとても元気な人であった。きっと若いときから世界の荒波で鍛え、しかも責任の重い船長を経験したからだろうと直感的に思った。そうした中にも柔らかな口調に温厚な性格が表れていた。

鮎川への思いは人一倍強かった。「商業捕鯨が禁止になってから三十年ぐらいになるけど、あまりにも長く感じる。早く再開してほしいと考えるからだよね。これからも調査捕鯨しかないのかと思うと非常に寂しいね。鮎川はこれで七割も人口が減った。それに今度は震災だからね」ときちんと状況をとらえる。そのうえで当面の対策について提言してもらった。

今後も鯨を生かしたまちを

最初に新しいホエールランドについて「鮎川にとってなくてはならないものだけに、再建は当然のこと。予算のないときだろうから、小さくまとまったような施設でいいと思うよ。その代わり、中身を充実させ、遊び感覚の体験型を増やしてはどうかな。そうすれば子どもから大人まで楽しめる。また見たくなるようなものを設けてもらいたいな」とリピーターの客を期待できる施設を求める。

次に口に出たのが鯨製品に関係する開発推進であった。「これまでの鯨缶詰のほかに、内蔵の小腸や腎臓、舌などは高級料理として使える。舌のことを『さえずり』とはよく言ったもんだよ。調査捕鯨だけでは鯨の種類が少ないため、製品開発は難しい面があるけど、考える価値はあると思うがね」。鮎川が生きる道は、鯨を生かしたまちづくりであることは震災前も震災後も変わらないということを強調する。

まちの今後について語りながら、かつて栄えた時代を振り返ることも忘れなかった。「鮎川はまさに栄枯盛衰の縮図なんだよね。歴史的に鯨のまちに加えて、奥州三霊場の一つ・金華山に渡る金華山・鮎川航路の発着点として、県内、県外からの参拝客でにぎわってきた。われわれ子どものころは、いつも港に捕鯨船をはじめとする大型・小型の船舶が何十隻と出入りし、夜はバーなど飲食街のネオンが幾つも輝き、まるで不夜城のようだったよ」と懐かしむ。年輪を重ねた伊藤さんの一つひとつの言葉に重みを感じる。

だいご味は28メートルの大型鯨

伊藤さんの捕鯨人生は十五歳から五十五歳までの四十年間に及ぶ。今回の取材は鮎川への思いを聞き取ることが主な目的であった。しかし、次第に話が盛り上がり、話題はどうしても現役時代に移らざるを得なかった。私も興味があったので、それを聞きたくなった。内容は次のようなものであった。

十五歳で日本水産企業内学校（北九州市）に入校と同時に同社に入社。企業内学校は世界の海を舞台にする捕鯨と大型スタントロールの船員養成所で、全国から生徒が集まった。甲

捕鯨のだいご味について聞いてみた。「なんて言ったって大きな鯨を仕留めたときだね。私が経験した一番大きい鯨は南氷洋でのシロナガスクジラだった。九十四フィート（約二十八メートル）あったからね。九十フィート以上は近海ではなかなか取れないよ。鮎川にシロナガスが揚がるのは三年に一回あればいい方だったから」と語る伊藤さんの表情は生き生きとしていた。しかし、捕獲規制の話に移ると、「大型の鯨が減ったうえに、今度は調査捕鯨というように、状況はどんどん厳しさを増すばかりだったよね」と寂しさと不満を隠せない様子だ。

釣りを楽しみに年金生活

当時の定年は五十五歳と若かった。日本が商業捕鯨から完全撤退する前の一九七八年に降船し、捕鯨人生にピリオドを打った。捕鯨船に打ち込んできた人が定年後、どんな暮らしを続けてきたのだろうかと、興味本位についつい聞いてしまった。

「五十六歳から船員年金生活を始めたんだけど、無駄というか、むなしい生活を送ってきたからなあ（笑い）。釣りが趣味だったので小舟を買い求め、友達を乗せて網地島《あじしま》や金華山付近で釣りをするのが楽しみだったね。漁協の準組合員にもなり、アワビやウニを取ったが、それらの魚介類は主に親戚や友達に配る程度の少量にすぎなかった」と語る。

年金についても触れ、「船員は一般に年金を掛ける時期が早くてね。私の場合、十七歳からだったと思う。だから、それなりにはもらってきたかなあ。管理は妻に任せてきたから、関心はないけど……。いつだったか知人である役場職員のOBに『おれたちの五倍ぐらいだな』と言われたことがあった。われわれは過酷な仕事という面もあるけれど、特に若いときに苦労したからね。『若いときの苦労は買ってでもしろ』と昔からよく言われたが、その言葉があらためて分かった感じだったね。息子を大学まで行かせたが、その後も息子には世話をかけていないよ」と冗談交じりに笑いながら教えてくれた。息子さんは現在、警視庁で警部を務めているという。

東京を飛び越え大阪文化

鮎川浜に住む人たちの家系をたどると、明治時代に入ってから西日本の中国・四国・九州地方から転入してきた人たちが多いという。伊藤さんはそうした歴史についても次のように話してくれた。

捕鯨基地が多かった西日本から、次第に捕鯨基地として盛んになってきた鮎川に新天地を求めた。現に私の父親である故・伊藤利平の出身地は長州の山口県長門市。捕鯨船に乗り組み、佐賀県沖周辺でナガスクジラなどを取っていたが、宮城県の金華山沖でだいぶ捕獲しているとの情報を得て北上。新たに鮎川を拠点とした。一八九六年のことだった。そして地元の女性と結婚し、ここに定住した。

当時、マッコウクジラの脳油が潤滑油として貴重品だった。鯨からいかにしてこぼさないように取り出すかが課題とされている中、作業員のリーダー役である員長の利平はマッコウの新たな解体方法を発明し、「伊藤式マッコウ解体法」と業界で知られるようになった。

鮎川は大阪文化が色濃いまちと言われたのは、そうした人たちが東京を飛び越えて大阪中心の文化を運んで来たためであろう。

五十軒から六十軒ぐらいしかない寒村に捕鯨にかかわる大勢の人たちが移住してきて、にぎやかなまちに変貌していった当時の状況は、伊藤さんの話から容易に想像できた。

これからの生活に不安募る

震災時、伊藤さんのとっさの判断には感心させられた。長女の鈴子さんによると、自宅には父親の伊藤さんしかいなかった。地震後すぐに車を運転して、離れた高台にある特別養護老人ホーム・清心苑へ逃げた。そこには母親のタミさん（83）が体調を崩して入所しており、タミさんの介護に訪れていた鈴子さんもいた。この場所は牡鹿地区の福祉パークとして牡鹿病院やデイサービスセンター・清優館などの施設が並ぶ。伊藤さん親子は次に清優館へ移動し、避難場所とした。二〇一一年六月五日に仮設住宅に入居した。ホエールランドの近くに立っていた自宅は二階まで浸水し、屋根には車が載っていた。建物の枠組みは残ったが、間もなく解体された。

　鈴子さんは家族が仙台にいるため、鮎川と行ったり来たりの生活を続けている。これからのことについて伊藤さんは「鮎川にこのまま残って、自宅を新築したいという思いが強い。しかし、移転事業がいつ始まり、いつ終わるのか見通しが立たないので困っているし、迷っている。しかも高齢だからね」、鈴子さんも「全くめどが立たない状態」と肩を落とす。

望みを捨てないで生きよう

　鮎川をこよなく愛する伊藤さんは最後に「鮎川が昔のにぎわいを取り戻すことは難しいだろう。けれども鮎川には鯨を紹介する新しい施設の計画があるほか、鯨製品の開発とか金華山参拝、釣り、風光明美なリアス式海岸など観光で売り出すものがいっぱいあるはず。今はみんな、今後の生活をどうしたらいいのかと頭がいっぱいで、なかなか動き出せない面もあるだろうが、少しでも望みを捨てないで生きていってほしいよ」と願う言葉で締めくくった。

　おなかから言葉を出し、舌も滑らかな伊藤さん。その記憶力にも脱帽した。以前にもマスコミの取材を受けたというが、鈴子さんによると、今回の私の取材には時間を忘れるほど、長い時間話したという。ありがたいことである。もっと紹介したい面白い話がたくさんあったが、紙幅上、割愛せざるを得なかった。いつか機会があれば、伊藤さんのような捕鯨に打ち込んだ人の半生を記録に残したいものだ。

捕鯨基地・鮎川　一九六〇年、旧牡鹿町の人口は一万三千人余とピークに達した。そのうち、鮎川地区だけで約五千人いた。地区というよりも一つの町という感じだった。捕鯨が盛んだった時代、その基地として栄え、住民の七、八割が捕鯨関連で占めた。金華山沖は国内有数の捕鯨の場とされ、そこから一番近い良港が鮎川だった。一九〇六年、東洋漁業が進出したのを皮切りに、一〇年前後まで、国内にあった捕鯨会社十二社のうち九社が牡鹿半島に事業所を設置、そのうち五社が鮎川を拠点とした。五三年には牡鹿鯨まつりが始まった。しかし、約三十年前の八二年、ＩＷＣ（国際捕鯨委員会）が商業捕鯨禁止可決、八五年、日本政府が商業捕鯨からの撤退を決定、八八年の商業捕鯨全面禁止と次々続く逆風は、鯨のまちに大打撃を与えた。その後、捕鯨は衰退の一途をたどり、まちを支えてきた主要な産業基盤が急速に弱体化。震災直前、鮎川の人口は千四百人までに減少し、震災後はさらに千人前後に減ったとみられる。現在は調査捕鯨が行われており、鮎川にある捕鯨会社の事務所は地元の鮎川捕鯨と千葉県の外房捕鯨の二社のみだ。

第二章　中部エリア

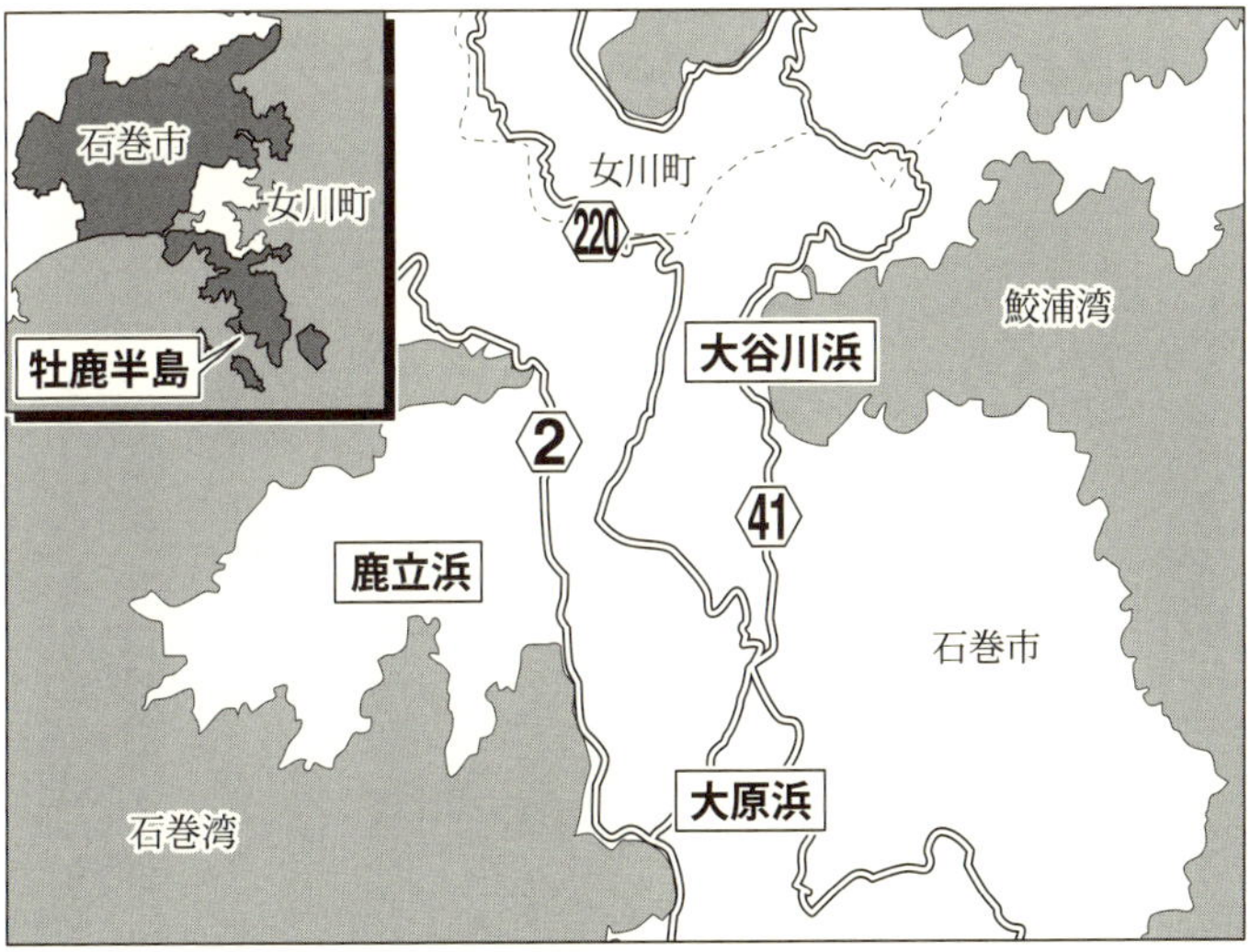

女性起業家 おもてなしの心に奮闘（鹿立浜《すだちはま》）

浜の４人組、旬の地物を提供

地元の新鮮な魚介類を料理して振る舞う浜の女性グループと初めて会ったのは二〇一二年八月十一日、震災から一年五ヵ月を経た日であった。石巻市中央二丁目の旧北上川沿いにオープンした仮設商店街「石巻まちなか復興マルシェ」のイベント会場で販売に汗を流していた。メンバーは、代表の平塚淳子さん（50）＝石巻市狐崎浜字鹿立屋敷＝、須田えみさん（51）＝同市渡波字佐須＝、豊嶋恵美子さん（53）＝同市荻浜字家前＝、鈴木典子さん（56）＝女川町桐ヶ崎＝の四人。いずれも*「宮城県指導・女性漁業士」の資格を持つ人たちだ。

活動が軌道に乗ろうとしていたところに震災に遭い、自然解散してしまったが、震災後に持ち前の行動力で再起に漕ぎ着けた。新たにグループ名も付けた。その名は「コーストマザーズ・ＪＥＥＮ《ジーン》」。ＪＥＥＮは４人の名前の頭文字を取った、文字通り浜の母ちゃんたち四人組である。なかなかしゃれた名称だなと感心した。

食材は自分の家や知り合いの漁家からの産地直送だ。旬の地物を使った丼物やおつゆなどの食

厨房で料理の合間を縫って記念撮影に収まるJEENのメンバー（右からリーダーの平塚さん、豊嶋さん、須田さん、鈴木さん）

材には、カキやワカメなどの養殖もの、コウナゴやアジ、タコ、アナゴ、イカなど漁で水揚げしたものがある。復興マルシェで販売していたメニューは、アナゴ棒寿司（四百円）、イカめし（三百円）のほかにコウナゴ丼やタコめしなど豊富な食材を提供し、来場者に喜ばれていた。私は生でも加工品でも魚介類の料理には目がない方なので、イカめしを買おうとしたところ、「お金はいらないけど、試食してみてよ」と言われ、その言葉に甘えてごちそうになった。煮たイカの味が、包んだご飯に染み込んで、とてももうまかった。

風評被害に負けずに再起

グループの結成には、女性漁業士仲間の強い絆と、海産物や農産物を販売していた石巻しみん市場が深く関係していた。活動を再開するまでの経緯を平塚さんに紹介してもらった。

私は地元漁協の女性部として、石巻市魚町にあった石巻しみん市場の開設時からかかわり、七年前からは市場で産地直送された海産物の対面販売を実施していた。三年前に漁業士の資格を取得したときに「浜の女性も何とか地域に貢献しなければ……」と、女性漁業士四人が結集。県水産振興担当職員の協力で魚町の県水産加工研究所などで加工技術を学び、念願のしみん市場で商品として販売できるまでになった。

ところが、一年しかたたないうちに震災に見舞われた。四人とも自宅が被災し、避難所生活の後、仮設住宅や借り上げ住宅、あるいは自宅二階での生活を強いられた。このためグループの活動は難しくなり、再活動もあきらめていた。その後、次第に水産物が取れるようになってきた矢先に原発事故による風評被害が出てきた。放射能検査で問題ないことが分かっても、よそからはそっぽを向かれた感があった。石巻で取れた魚介類は最高においしいことを多くの人たちに知ってほしいという気持ちがわいてきた。活動の再開を考えたのは年が明けた一二年一月。折しも一部の浜で始めていたカキむき作業が本格化したころで、「本場のカキに舌鼓を打ってもらいたい」との強い思いからだった。

魚介類の販売は流通上、店に持っていけばすぐ受け入れてくれる訳ではなく、いろいろ難しい面もある。同年四月、震災前に拠点にしていた、しみん市場からも「市場を再開させるので、また参加してみたら」と声を掛けられた。二ヵ月の準備期間を経て、六月に市場が復興マルシェの一角で営業を開始した時期に合わせて、再スタートした。

かわいらしいイメージキャラクター「どん子ちゃん」。立て看板やシャツなどにも活用されている

借り受けた厨房拠点に

活動を充実させるために、グループ名をJEENとしたほか、イメージキャラクターの「どん子ちゃん」を制作。魚のドンコをあしらった愛嬌満点のキャラクターで、目立つようにピンクとブルーを基調にした。その立て看板やエプロン、Tシャツも作り、宣

伝効果を上げている浜のアイデアウーマンたちである。「やるからには料理はもちろん、環境もきちんと整えたかった」と平塚さんは語る。

再開するに当たって、しみん市場とともに大きな支えとなったのが一般社団法人「ピースボート災害ボランティアセンター」（東京）などの震災復興支援団体であった。運営方法についてアドバイスを受けたりもした。また、料理する場所はピースボートが石巻の拠点としている石巻市立町にある元居酒屋の厨房を一部手直ししてもらい、借り受けた。保健所からこの厨房で調理する許可も得た。「ボランティアの皆さんの援助がなければ到底できなかった。本当に助けられた」とメンバーは一様に頭を下げている。

一二年八月六日にはJENとしみん市場が市民を対象に「石巻食文化による地域再生プロジェクト」と銘打った試食会を開いた。平塚さんによると、食材にしたカナガシラ、ホタテ、アナゴ、アオッコなどを三十六品目に仕上げ、テーブルに並べた。このうち、小骨が多い白身の小魚のカナガシラと、ブリの幼魚であるアオッコは市場価値が低いため、あまり食用とされていない魚種だ。これをいかに調理で付加価値を高めて目玉商品にするかということを狙いとした。試食後、アンケートを行い、今後の商品化に向けて参考にした。

仕入れから接待まで担う

ＪＥＥＮは学校が夏休みの七、八月が特に忙しかった。被災地を訪れる県外からの人たちをもてなす機会が多くなったからだ。私が復興マルシェで取材した前日の八月十日には、東京都品川区の中学・高校生十一人と先生五人がボランティア研修を兼ねて、新幹線とバスを乗り継いで石巻市を訪問した。その際、ＪＥＥＮの事務所がある佐須浜で漁師めしと称したタコめし作りを体験してもらったり、アジのツミレ汁とサツマ揚げ、ツミレ揚げを味わってもらったりしたという。

その八日後の八月十八日には全国から訪れるツアー客の昼食を作るという話を聞いたので取材することにした。一行は親子連れを中心にした三十四人という。メニューは一食五百円のアナゴ丼とアサリのお吸い物に決めていた。午前九時前に厨房に集まり、仕込みを始めた。お昼近くになって、並べられた丼に次々と炊き立てのご飯が盛られ、その上に料理したアナゴが載せられていく。四人はそれぞれの分担を手際よくこなしていた。昼食の会場は厨房のある建物と道路を挟んで向かい側にあるビルの二階。そこもピースボートの事務所として使われていた。到着したツアー客に早速、料理を運び、全部そろったところで四人のメンバーも並んで座った。平塚さんが「遠いところご苦労さまでした。石巻の海の幸で作った料理をどうぞ召し上がってください」とあいさつ。食事を終えたツアー客から口々に「おいしかったよ」と言われ、なかなかの好評ぶりであった。魚介類の仕入れを含む流通から調理、そして客のもてなしに至るまで全てを担う仕事に四人はだいぶ慣れてきた様子であった。

ツアー客へのサービス定着

これらのツアーはいずれも復興の支援活動を展開するNPO法人「オンザロード」(東京)と旅行会社「H．I．S．」が企画したツアー「石巻★元気トリップ」との連携により実施されている。「声を掛けてもらうだけでもありがたい」と感謝するが、それだけJEENの名前も浸透してきた証しなのだろう。

その後も同様のツアーが続き、食事の予約が入るほどになった。夏休みに入ったばかりの一二年七月は、借りている厨房で仕事をした件数は合計八回になり、週二回のペースという忙しさだった。平塚さんは「PRが大事なのよね。しみん市場の新聞広告を利用させてもらっているほか、メンバーのブログ、フェイスブックなどを分担して行っている」と宣伝活動にも余念がない。

JEENのブログによると、一二年八月二十九、三十両日には青森県の浅虫温泉で開かれた東日本女性漁業士会交流会に参加した。二年ぶりの交流会には宮城、岩手、青森、茨城、千葉の五県から二十六人が出席し、復興の取り組みや漁業経営の現状などを発表し合った。多くの人からは震災の影響が重くのしかかり、漁業が再開できても風評被害があって売れないなど、生活の不安は払しょくできないという意見が出た。被害の大きさと生活の過酷さに出席者らは涙を流していた。そうした中にも、次回一三年の茨城会場では、全員が明るい話題を発表できるようにと誓って閉幕した。

私は、大変な状況下で取り組みを始めたＪＥＥＮの積極的な活動は、きっと注目され、評価されたに違いないと思った。

目標に自前の加工施設も

ＪＥＥＮの各メンバーに課題や目標などを語ってもらうと、浜の女性起業家らしい頼もしい意見が次々に飛び出した。


「販売する数が少ないので、商売としてはまだ成り立っていない。時給換算で五百円になるか、ならないかといった程度だからね」

「今は手探り状態で、未知数と言ったところかな。とにかく収入の道筋を立てなければ……」

「スタッフが足りないということもあるが、土台をきちんとさせた後に、新たに加わりたい人がいれば受け入れたい。その際は何も漁業士の資格にこだわらないけど……」

「厨房は間借り状態だが、いずれは自分たちの加工施設を持ち、県外にも販売したい」

「基本は、石巻の取れ立てにこだわり続けることだよね。これだけは守っていかなければならない」

運営上、欠かせないのが家庭との両立であろう。浜で家庭の主婦は漁家の一員として、カキむきをはじめ、男衆が洋上で取った海の幸をさばかなければならない。家族総動員の仕事で、一年中、忙しい。JEENの四人は家族の理解を得て、家の仕事の合間を縫って活動に取り組んでいる。まさに漁業、そして石巻を思う熱い心がなければできない。被災した水産のまちを舞台に、女性の立場から漁業を考える漁業士たちが前に向かって歩き続けている。

漁業士　次代を担う漁業後継者の育成・確保を目的として国が一九八六年に制度化した。宮城県では同年度に認定第一号が出た。漁業士制度には、未来の漁業に携わる青年漁業士と浜のリーダーである指導漁業士がある。県では青年漁業士が二十七人、指導漁業士が八十三人おり、指導漁業士の中に女性が九人いる（二〇一三年一月一日現在）。女性は一般的に女性漁業士と言われる。県内では北部、中部、南部の三海域に分けられ、中部海域に入る石巻市と女川町の女性漁業士は計四人（いずれもJEENのメンバー）おり、県内最多を数える。石巻の隣接市・東松島から南部海域に入る。資格を得るためには所属する漁協組合長の推薦を受け、漁業士養成講座を受講、漁業士認定委員会の審査を経て知事から認定される。女性漁業士の場合、優れた指導力を持ち、漁村女性の集団活動に積極的に参画している漁業者であることが最低条件となっている。

隣の浜と深い絆を堅持（鹿立浜《すだちはま》）

娘の夫が漁業に挑むため浜に

ＪＥＥＮ《ジーン》の代表を務める平塚淳子さん（50）の家族が漁業を営む鹿立浜は、石巻市に住む私にとっても見知らぬ浜であった。どんな所なのかと思い、訪問することにした。連日、暑い日が続いていた時期の二〇一二年九月四日のことだった。

牡鹿半島の中部西側にあり、県道2号（石巻鮎川線）を渡波から鮎川方面へ向かい、途中の小網倉浜で右に折れた。道路は完全には復旧しておらず、未舗装の部分もあって車の運転も慎重にならざるを得ない。福貴浦の次の浜が鹿立浜であった。石巻市東浜地区と言われる五つの浜のうちの一つで、南側に面した小集落だ。予想していた通り、集落はすっかり消えていた。被災した漁港では復旧工事（一三年度の完成予定）が急ピッチで進められ、その周辺では地元の若い漁師が漁の準備に追われていた。

待ち合わせ場所にしていた岸壁に平塚さんと、長女の柳橋未佳さん（31）が出迎えてくれた。この日の取材は、平塚さん家族の男性陣が仕事の関係でどうしても会うことが無理だったため、

未佳さんの元自宅の2階から眺めた鹿立浜。目の前にある漁港では復旧工事が進められていた

女性陣にお願いした。未佳さんは結婚してから、半島への起点となる同市渡波地区の流留に住んでいたが、震災前に夫の浩哉さん（30）が漁業にチャレンジしようと、未佳さんの実家（石巻市狐崎浜字鹿立屋敷）とは道一本隔てた向かい側に自宅を新築した。その自宅は津波により全壊、二階部分を修理して休憩のときなどに使っているということで、そこで二人から話を聞くことにした。二階からは目の前の道路を挟んで漁港と、さらに遠くには、猫が多くいることで有名になった田代島が見える。田代には何度も渡ったことはあるが、こんなに大きな島だったのかと思った。眺める角度によって違うものだとあらためて感じた。

震災で一層強まった一体感

途中、通過してきた東隣の福貴浦とは小高い丘で隔てられ、よそから来た人は全く別の浜と思いがちである。しかし、昔から強い結び付きがあるという。それを裏付けるのが海岸沿いの主要道路のほかに、山の高台を通る道もあり、その二つによって両地区を輪のように囲む環状線になっていることだ。浜同士の関係について平塚さんは「生活圏が一緒のようなものね。どっちの浜もカキ養殖が中心だし、三世代家族もいる。コミュニティーが確立されている浜なんだよね」と説明する。「震災発生時に鹿立の人たちが避難先としたのは、高台の民家のほかに、福貴浦にある宝福丸水産の大きな車庫と（集会所の）福貴浦会館だった。今の仮設住宅だって二つの浜の住民が一緒の所だからね」と言い、両地区のつながりを物語る。鹿立浜の高台にある仮設住宅には、二十八戸、六十六人が入居している。避難所での共同生活や仮設住宅が同じ場所ということが絆を一層強くしたようだ。

二つの浜の若い漁師たちは震災直後から津波で海の底に沈んだ種ガキを一緒に探し出すなど、養殖の再開へ向けて協力し合った。カキの収穫が始まってからも連携を続けた。その一つがカキ共同処理場の利用であった。鹿立浜の漁協は県漁協石巻市東部支所に属している。同支所は鹿立浜、福貴浦、狐崎浜、竹浜、牧浜の五つの支部で構成する。津波によって全ての浜でカキ共同処理場が全壊した。最初に復旧したのが福貴浦カキ共同処理場*で、一二年十一月七日にそのシーズンのむき身作業が始まった。鹿立浜はその処理場を共同利用しているのだ。以前から付き合いの深かった漁師たちは、互いの苦労を理解しているからこそ、支え合って前に進んでいるのだろう。

若者がつながる会を発足

未佳さんは、新たに若者同士のつながりが生まれたことも教えてくれた。鹿立浜と福貴浦は、人口の割にほかの浜より比較的、漁業の後継者となる若い人が多い。四十歳以下が両地区合わせて男女三十人を数える。「震災から一年が過ぎたころ、何をしていこうかと悩んでいたときにボランティア受け入れの対応や夏祭りなど浜の行事を運営していくために、われわれ浜の若い者が立ち上がろうということになったのね。そして二つの浜が一緒になって『海とともにつながる会』をつくった。その後、行事の前にみんなが集まって意見を出し合ったりしている。浜の復興を訴えるTシャツやステッカーを作り、ボランティアに買ってもらったりして活動資金に充てているのよ。ボランティアの提言も参考になったわ」と語る。

メンバーの一人となった未佳さんは、さらに「特に会の規則はないんだけど、この会をつくっただけで地元の仮設住宅にいる人、自宅に住む人、市街地などへ避難している人、そうした人たちに一体感が伝わればいいのかなあと思った。それが浜の復興につながる訳だし……。『やるときはやるぞ』といった感じなのよ」と元気に話してくれた。

若者たちが浜の垣根を越えて手を結び、ボランティアに感謝しながら復興に懸命に取り組む姿勢は、聞いているだけでも活力がわく。昔から交流のあった二つの浜だからこそ、そして後継者がいる浜だからこそ、強い結束力が可能なのだろうと再び実感させられた。

家族散りぢりの仮設生活

平塚さん一家は漁業を生業としている。平塚さんの父親も巻き網船の船乗りだったという。震災前と後の生活について平塚さんは次のように話してくれた。

震災前、夫の文弘さん（54）はカキ養殖のほか、宮城県沖を中心にした漁場で小型漁船漁業に従事し、コウナゴやイワシ、イカなどを取っていた。震災後は漁模様の変化でサケやタラなどの漁に切り替えたが、原発事故に伴う風評被害や漁獲規制で従来のような水揚げができなくなった。このままでは生活に影響することから、石巻の友人が所有する小型サンマ漁船に、解禁間もない一二年八月二日から乗り組んだ。サンマ船に乗るのは長い漁師生活の中で初めてであった。北海道沖などで十月まで操業を続け、主に花咲港（根室市）に水揚げしていた。その後、鹿立浜でやっと復活したカキの収穫・出荷作業に携わるようになった。

震災前まで同居していた長男の大介さん（28）も仕事を失い、震災後十ヵ月間、富山にいる友人の定置網でホタルイカ漁を手伝った。一二年三月に帰り、父親の紹介で石巻市小渕浜の小型底引きに乗船。当初は海の瓦礫処理も行った。

震災で鹿立浜は集落の十一戸全部が被災した。娘夫婦は鹿立浜の仮設住宅に入居したが、平塚さん夫婦は多賀城市内の借り上げ住宅に、長男は石巻市桃生町の仮設住宅に入居し、親

漁具のロープなどを整える未佳さん。夫の仕事を支える大きな役割を担う

子離ればなれの生活を余儀なくされている。カキの出荷が始まってからはそれぞれ毎日のようにマイカーで遠距離を通っている。

ピンチの後にチャンス

未佳さんによると、石巻市渡波生まれの夫・浩哉さんは魚問屋に勤めるサラリーマンであったが、漁業への転職を決意。二人は鹿立浜に家を建て漁師への道を歩み始めた。母親の実家がカキ養殖の盛んな石巻市荻浜だったため、幼いころから養殖作業を見ていたことや親類にも漁業関係者が多かったことが、新たな人生に踏み切る要因の一つになったという。これでうまくいくかとみられたが、新築して二年しかたたない自宅は損壊、仮設住宅に住みながらカキ養殖の準備を続けてきた。

未佳さんはこのピンチをチャンスととらえている。「鹿立に来て初めて漁業を行うことになったでしょう。だから漁協の正組合員ではなく準組合員扱いなので、手伝い程度しかできない身分だったのね。しかも、引っ越してから二年しかたっていなかったため、それまで正式に漁業を行うための審査も受けられない状態だった。それが震災により、若い人には何人であれ、浜に残ってもらいたいという漁協の考えもあって、今回、カキ養殖が初めて認められたの」。その言葉に未佳さんの逆境をはねのける強さを感じた。加えて、魚問屋として船を迎え入れる立場だったのが、自ら船に乗る側になった脱サラ漁師の夫へのエールとも受け取れた。

さらに続けて、「結婚して三人の子どもを授かり、家を建てて、友達からも理想の家庭だねと言われた。順調すぎた面もあったと思う。今はさまざまな苦しい現状を乗り越えていかないとね。子どもは皆、東浜小学校に通学しているんだけど、その学校のことや自宅が中途半端だけど残っているし、両親も弟も一時的だが離れているため、ここにいて夫と力を合わせていかないとね。遠い将来のことばかり考えていても、どうしようもないので、今を生きるしかないよね」と力強く語った。

被災者側に立たない解決策

未佳さんは震災直後に助けられたというボランティアへの感謝も忘れなかった。これからの生活設計と併せて次のように話した。

壊れた建物を最初は見たくなかったが、ボランティアの一人が片付けてくれた。次第に床が見え、柱もしっかりしていることが分かり、取りあえず二階をリフォームした。ここは海が近いので住めないと思うから、納屋として使い、住宅は高台移転になると思う。この浜の多くの人たちは土地を市から三十年間借り、上物を自分で建てる方法が一番いいと考えているようだ。ローンの問題は残るが、ここに残り仕事をする以上はそれが最良と思う。とにかく、ここまで来ることができたのは多くのボランティアのおかげである。この家を直してくれた人は三ヵ月間滞在してくれて、家族同然だった。浜の人たちが漁業をあきらめかけていたとき「まず漁具を集めましょう」と動き出した。そこで初めて私たちが「まだ使える」「まだやれる」「頑張らなければ」と発奮した。ボランティアの皆さんが来なければ毎日、ぼんやりと海を眺めていたかもしれない。海に破壊されたが、今は海に戻れた。その力になってくれた。

娘の言葉を受けて平塚さんは「二重ローン問題って解決できるような内容で報道されているけど、そう簡単にはいかないと思うよ」と前置きしたうえで、「この前、知人が専門の相談員へ行って聞いてみたところ、自分で対応できるものではなかったと話していたからね。仕事が安定していることがローン問題を解消できる前提だって言うじゃない。浜の現実は、魚が期待通りに取れない、魚価安、風評被害などで安定していない。要するに被災者側に立っていない気がする。生活を安定させるためにも、カキの生産を元通りにしないと……。カキをむいているのが浜の本来の姿だからね」と心配する。平塚さんも市の高台移転事業が完了すれば、鹿立浜に戻り、高台に住むことにしているという。

生き延びる新たな試みを

今後、浜が生き延びていくためには何が必要なのだろうか。それを未佳さんはきちんと見据えていた。「地元で取れるものを生産から加工・製造・販売に至るまで自分たちで開拓しながら進めていくことではないかしら。いわゆる六次産業と言われるものだよね。それに対する支援制度があると聞いたけど。漁協でも以前からそうした講習会を開いてきたしね。それと民宿をつくって、人を呼び込む方法もあると思うけど」と活性に向けた考えを持つ。六次産業を既に実践しているのがＪＥＮの活動といえる。

鹿立浜と狐崎浜間の道路沿いには奇跡的に砂浜が残っていた。遠く前方に田代島を眺めることができる美しい風景だ

平塚さんも「今までは受け身だった。漁連の共販とか、市場へ持っていけば売ってくれるし、買ってくれる。それで十分生活できたもの。でも震災前から、漁獲量の減少とか魚価安で漁業の魅力が薄れてきた感じだよね。これに震災が加わったけど、震災をバネに新たな試みをどんどんすればいいと思うわ。だから若い力も必要なのよ」と積極的な考えを述べる。二人の女性への取材を通じて学ぶことは多かった。

観光ルートにも十分な素材

帰りは来た道を戻らず、そのまま真っすぐ車を走らせた。西端の狐崎浜から北上し、竹浜、牧浜を通る市道から県道2

号へ抜けた。途中には石巻市立東浜小学校があった。この東浜地区の周回コースは、狭くて、きついカーブとこう配が続く。

運転中、鹿立浜と狐崎浜間で砂浜を見つけた。地形上、津波の影響を受けなかった場所もあったのだ。つい車から降りて、見とれてしまうほど美しかった。青い洋上の眺めもきれいだ。道路や、道路沿いのがけをもう少し整備すれば、景色を十分に堪能できる立派な観光ルートとして活用できるのではないかと、思いを巡らした。

福貴浦カキ共同処理場　二〇一二年十一月二日に新施設が完成、同七日に出荷をスタートさせた。県漁協石巻市東部支所管内では復旧第一号となった。被害のあった同処理場跡地を一・二メートルかさ上げし、約三千平方メートルの敷地に鉄骨平屋（床面積六百三十平方メートル）を建設。カキむき台に滅菌水による洗浄室を設けた。建設費は約二億六千万円。災害復旧事業として国や県などから約九割の補助がある。同支所管内五つのカキ処理場はすべて全壊したり、流失したりした。福貴浦以外の浜では一三年度中に随時再建される予定だが、竹浜は再建しないで牧浜に新設する処理場を使用する。このため処理場の数は四つに縮小される。処理場が完成するまで各浜は福貴浦の施設を交代で利用。ただし狐崎浜は地元処理場が完成した一二年十二月まで出荷を見合わせた。震災前のカキ生産量は県全体で約五千トン。このうち同支所は年間六百五十トンを占め県内最大規模を誇る生産地だった。一二年からのシーズンは震災前の三分の一、次のシーズンには例年の生産量に戻すことを目指している。

若社長　加工場をスピード再建（大原浜《おおはらはま》）

新体制の下、8ヵ月後に再開

大原浜は牡鹿半島西側沿岸のほぼ中央に位置する。一九五五年、旧大原村と旧鮎川町が昭和の合併で旧牡鹿町に、そして二〇〇五年、平成の合併で旧牡鹿町は石巻市となった。旧大原村は牡鹿地区にある十七の浜のうち、北は寄磯浜から南は小渕浜まで十四の浜を抱える広い面積を擁した。その中心地が大原浜で、捕鯨が盛んになる前は半島全体の拠点だったという。昔は人を雇って漁業を営む網元が多く、裕福な集落であったが、近年は漁業者が少なく、サラリーマンが主体になっている。その点は第一章で紹介した十八成浜と同じである。

その大原浜に、震災でほぼ全壊した水産加工場を八ヵ月後に自力で再建に漕ぎ着けた会社がある。貝類と海藻類の加工販売を取り扱う「株式会社マルダイ長沼商店」である。経営者は長沼康裕さん（37）＝石巻市大原浜字町＝。震災後、事業再開と同時に、父親・隆夫さん（68）の跡を継いで新しい代表取締役社長に就いた。三代目の社長になる。会社は一九六八年、祖父の故・金助さんが創業、八五年に株式会社とし、資本金は一千万円。震災前の年商は十五億円前後だった。こんなに若くて大丈夫なのかなと長沼さんに会っての第一印象を勝手に抱いたが、それは杞憂にすぎなかった。仕事の話に移ると、目の輝きが違ってくるのだ。

水産加工場の場所は、石巻から鮎川浜方面へ向かって県道2号（石巻鮎川線）沿いの左側にある。道路を挟んで向かいは大原浜と給分浜《きゅうぶんはま》湾の入り江であり、海がすぐ目の前に広がる。このため津波をまともに受け、大きな被害が生じた。盛り土の上に立つ建物は二階まで浸水し、加工用の機械は全壊した。鉄骨造りの建物は辛うじて残ったため、三つあった工場を二つに減らして補修し、機械は新たに購入。震災のあった年の二〇一一年十一月にはいち早く業務を再スタートさせた。

箱詰めした水産加工品を出荷する長沼さん。事業再開後も経営を軌道に乗せるため懸命に仕事を続けている

とにかく前へ進まないと

再建費用は加工機材などの設備費を中心に億単位を要し

たが、国などからの支援策はまだ確立されていなかった。早期に復旧する意思を既に固めていた長沼さんには、借入金で賄う以外に方法はなかった。そのスピーディーな対応には感心させられた。

再建に向けて長沼さんを奮い立たせたものは一体何だったのか。長沼さんは静かな口調で次のように語った。

加工品となるカキやワカメなどの水産物は津波被害を受けたし、原発事故による風評被害もあって将来に不安があった。父親もあきらめかけていた。しかし、このままではどうしようもなく、とにかく、前に進まなければ……との思いから再建を決意した。やる気を起こしてくれたのが仕事の得意先とボランティアの人たちだった。物資や炊き出しの支援を続けてくれたからね。それと震災後、地元に残った元従業員に、また働いてくれるようにお願いしたら快く応じてくれた。反対に励まされたくらいだ。

震災時、全国から牡鹿半島を訪れたボランティア団体のうち、大原浜コミュニティーセンターを拠点にして長期間、活動を展開した団体も多かった。

再建場所については「安全面を考えて海岸から離れた所に移転新築しようとしたけれど、地区内に適地が見つからなかったの。防潮堤をかなり高くするという計画があることも考慮に入れて現地に設けた」と話す。津波により破壊された防潮堤は、一九六〇年のチリ地震津波を教訓に設置されたが、今回の津波はそれをはるかに超える高さで襲ってきた。

今季の状況まだ見通せず

事業再開後も事業の中心はカキとメカブの加工販売であることに変わりない。産地はメカブが震災前も震災後も牡鹿半島沿岸が中心、カキは震災前が女川町から東松島市に至る県中部海域一帯だった。一一年のシーズンは中部海域の中でも大きな被害のなかった万石浦産を仕入れたが、扱いは例年の十分の一程度に終わり大幅な減収だった。一二年のシーズンはカキをむく浜が徐々に復活していることから、仕入れる量は前季よりは増えることが予想されていた。さらに、養殖場は震災の影響もあって、以前より数も少なく密植状態でないことから、当初は、成長が早く、粒が大きくなるだろうと期待された。

それでも長沼さんは「今季は通常の三割なのか半分ぐらいなのか、正直見通せない」と現状を厳しく見据えていた。しかもカキの水揚げが始まってから予期していなかった頭の痛い問題が生じた。「今のところ、水揚げ量が少ないために仕入れ値が高くなり、困っているんだよね」と話す。各浜でカキ処理場の復旧が予想以上に遅れたり、夏場の高い海水温が成長を妨げたりしたことが影響したとみられている。

従業員は半分に減少

五十人いた従業員は半分に減少した。震災後、半島から転出した人が多かったほか、中国からの研修生が全員帰国したためだ。マルダイ長沼商店は二〇〇〇年から毎年、六人の研修生を受け入れていた。研修生制度の復活はまだ決まっていない。「働き手の方を募集しているが、今のところなかなか集まらない。人員体制も早く立て直さないといけないのだが、これについては思うようにいっていない」と嘆く。

震災時、従業員五十人は帰宅したり、加工場の裏山へ逃げたりした。長沼さんの自宅は全壊したため、長沼さんと父・隆夫さん、母・彩子さん（65）の家族三人は避難所の大原小学校で過ごした。一ヵ月後、被害が少なかった、自宅裏にある同社元工場二階を片付けて生活した。その年の九月から、大原小学校の近くに設けられた仮設住宅で暮らしている。

首都圏への産地直送重視

水産加工場の主な工程はカキの場合、「仕入れ――洗浄――包装（パック詰め）――箱詰め（一箱十五パック）――出荷」という流れになる。出荷先は東京・築地市場を通じて関東方面のスーパーが多い。消費地への配送に当たっては製造・流通の段階で徹底した温度管理を行い、鮮度の高い状態のまま届けている。新鮮で味の良さが都会の人たちから好評という。

長沼さんに会社の歴史と理念を語ってもらった。

創業四十四年になる。その歩みはカキの加工販売からスタートした。牡鹿半島の海域で養殖したカキは品質的に優れていることは全国に知られていた。収穫量はまだ少なかったが、創業から九年が経過した一九七七年、国内最大の消費地である首都圏へ産地直送を始めた。国内での漁獲量減少や輸入水産物の仕入れ競争など、日本の水産業を取り巻く環境が大きく変わる状況下、代々の経営者は時代のニーズを追い求め続けた。環境の変化を感じながら、食文化の新しい時代に何が必要なのか常に考えてきた。

環境が変わりニーズに応える手段が新しくなっても、理念に変化はない。それは三陸沿岸の豊かな海の幸を日本中の人たちにおいしく、楽しく味わってもらうこと。その思いを遂げるために、これからも加工技術の革新、システムの革新に全力を挙げていく。わが国の主要なタンパク源として重要な役割を担ってきた水産物を広く市場に供給し、水産業の再活性化に力を尽くしながら、食文化の発展に微力ではあるが貢献したい。

植林の重要性を認識

長沼さんは石巻高校を経て東京都内の大学を卒業後、都内で会社勤めを経験した。三十歳で古里に帰り、家業に就いた。今は社長として経営部門に専念することはもちろん、工場内での加工作業や入札などにも携わるプレーイングマネジャーを担う忙しい毎日である。

そうした中で、やり残したままのことがあるという。それは植林のことであった。カキの成長には豊かな樹林を抱える山から海に流れる淡水の栄養分が欠かせない。二〇〇九年と一〇年の二年間、取引先や地元漁協（県漁協表浜支所）の有志で鮎川浜の海岸沿いにある森に樹木を数十本植林した。「大々的なものではなかったが、幾らかでも山と海の自然環境を生かしながら、養殖がうまくいくようにと思って始めた。それが震災で中断してしまってね。今も地震や津波の影響で足場が悪くて、植林再開の見通しは立っていない。ぜひ復活させたいけど……」と活動の再開に意欲をのぞかせる。

水産加工業は復興の要

大きな津波被害を受けた海岸に位置するまちの基幹産業は、水産業と言っていいだろう。水産加工業の場合はある程度の施設や設備が不可欠とあって、どうしても再建が遅れる傾向にある。しかし、遅れれば遅れるほど取引先との関係や販売ルートの維持が困難になり、再開の断念に陥

再建して１年余りが経過した水産加工場と事務所。
手前の道路は石巻市渡波と鮎川浜を結ぶ県道２号

るケースも見られる。水産加工業が復興するかどうかは関係企業の存廃問題だけではなく、雇用の面など市民の生活再建も左右する。港町全体の復興にも大きな影響を与える業種でもあるだけに、支援策の充実が求められる。

幸い、マルダイ長沼商店は得意先の応援をもらったり、資金的にも借入金で何とか対応できたりした。長沼さんが再建に向けて投入した借り入れによる資金は、事業再開後、国から一二年度分の*グループ化補助金が最終的に認められ、全て自己負担という最悪の事態は避けられた。補助金制度には牡鹿地区の三十一社が申請し、実現の運びとなった。

震災から間もない時期に前進の決意と事業の継続を決断した長沼さんの素早い対応に、鋭い経営感覚と地道な努力を垣間見ることができる。三十代の若い社長が今後、困難に直面した会社の経営をどうするのか、また、どのように成果を挙げていくのか見守りたい。

グループ化補助金　被災企業の施設や設備の復旧費を支援する制度。中小企業が複数でグループを組み、復興事業計画を作成。中小企業庁と県に地域経済や雇用、コミュニティーなどに役立つと認定されると、復旧費の四分の三が助成される。二〇一一年度から始まり、一二年度分は七月に決定した。業種を問わず、上限額もないため人気が高い。一二年度の予算が国と各県（岩手、宮城、福島、茨城、千葉）を合わせて約七百七十億円に対し、三百五十グループから三倍近くの約二千二百五十億円が申請された。中でも多かったのが石巻市や仙台市を中心とした宮城県で、予算が三百十五億円に対し、百四十七グループから四・六倍の千四百四十一億円の申請があった。前年の一一年度も同様の傾向を示した。選に漏れる企業が多いことから、予算の増額や制度そのものの改善を求める中小企業者が多い。そうした要望を受け、県は関連補正予算案を計上した。

浜に活気呼ぶ感謝の神輿渡御 （大原浜《おおはらはま》）

威勢のいい掛け声で再び結束

集落がほとんど消えてしまった大原浜に「ジョーサイ、ジョーサイ」と威勢のいい掛け声が響き渡った。神輿を担いで元気に練り歩く人たちで浜は久しぶりに活気を帯びた。浜の三熊野《みくまの》神社にあった神輿が大地震で壊れたことを心配した仙台市の商店街組合から新たな神輿が贈られ、二〇一二年七月十五日、二年ぶりに渡御が復活したのだ。

この日は大原浜の夏祭り。その神輿が披露されるということで浜へ車を走らせた。何せ神社と神輿は地域のシンボル的存在ともいえるので、その様子を見たかった。浜に到着して間もなく、高台にある同神社に通じる石段の踊り場で神輿の贈呈式が行われた。寄贈したのは仙台市青葉区の一番町四丁目商店街振興組合であった。大きな神輿の周りに担ぎ手となる白装束の男女約五十人や同振興組合と大原浜行政区の役員らが並ぶ中、振興組合会長の後藤隆道さん（77）＝江陽グランドホテル会長＝が行政区長の石森彦一さん（64）＝石巻市大原浜字町＝に目録を手渡すと、大きな拍手が沸き起こった。後藤さんは「被災地には心のよりどころになるものが必要と思っ

神輿の奉納式典で一番町四丁目商店街振興組合の後藤会長から目録を受け取る大原浜行政区長の石森さん（手前左から２人目）

た。この神輿を幾久しく使って、住民が結束する力に役立ててほしい」とあいさつした。これに対し石森さんは「神輿によって祭りが盛り上がる。大原浜の再生のために大事に使っていきたい」と感謝の言葉を述べた。

子ども神輿も贈られ練り歩く

この後、神輿は祭りを仕切る大原浜青年実業団や東京、山梨などからのボランティアらに担がれ、神社を出発、仮設住宅や海岸周辺など地区内二キロほどを練り歩いた。担ぎ手の中には前記のマルダイ長沼商店社長・長沼康裕さん（37）の元気な姿もあった。本神輿とともに子ども神輿も今年初めて登場した。甲府市に住む宮大工・神宮寺照夫さん（81）から寄贈されたもので、子どもたちは大人に負けまいと真剣な

大勢の人たちが白装束で、寄贈された神輿を担ぎながら海岸沿いの道を練り歩き、浜は久しぶりに沸き返った

表情で三十キロ近い重さの神輿を担いでいた。コミュニティーセンターの広場には、冷たい飲み物や金魚すくいなどの出店コーナーが設けられ、祭り気分を楽しんだ。

他の地区に避難している人たちの中には、この日だけ帰り、久しぶりに顔を合わせた住民と交流を深める姿が見られた。時折小雨の降るあいにくの天気を吹き飛ばすかのように、浜は復興を祈願する人たちで活気を取り戻していた。

仙台で恩返しの祭り参加

三熊野神社は創建四百年と伝えられている。石段が九十五段を数える高い場所に構え、住民からは鎮守様として親しまれている。石森さんは、神社の地震被害と神輿が寄贈されるまでの経緯について次のように説明してくれた。

神社は津波被害を受けなかったが、拝殿や奥の院の土台が大きく崩れたり、鐘撞き堂が倒壊したりしたほか、石段も半分以上が壊れるなど甚大な被害を受けた。神社に保管されていた神輿も台座から落下して損壊し、その年の夏に開催された復興祈願祭で神輿渡御は見送られた。復興祭は開いたものの、神輿が登場しないのでは主役のいない劇のようなものだった。その後、神社の復旧問題で相談していた先の市役所担当職員から「神輿を寄贈したいという団体がありますよ」という話が寄せられた。その団体というのが一番町四丁目商店街振興組合であった。

　同振興組合の後藤さんは大原浜の窮状を知り合いの人から耳にしていたことから、一二年五月、「被災地では心の支えになるものが必要なのでは」と組合に話を持ち掛け、了承を得たうえで、神輿の寄贈を決定した。振興組合の地元では岩沼市にある*金蛇水神社の分霊社を祀っており、祭りで使用していた五基の神輿のうち一基を贈った。この神輿の大きさは一・二メートル四方、高さ一・八メートル、重さ二百キロ。東京・浅草の製造会社が製作したものを一九七二年に購入した。中型の部類に入るが、以前から大原浜にある損壊した神輿よりは大きい。

大原浜地区では寄贈への感謝の気持ちを込めて、一二年八月二十六日、仙台市青葉区の一番町で開催された金蛇水神社の祭りに参加した。振興組合の法被を着た浜の十人が神輿担ぎを手伝ったり、特産のワカメ百キロを配ったりした。石森さんは「住民の心を一つにするのは地域の祭りなんだよね。神輿をいただいたときは本当にうれしがった。だから気持ちだけでもその恩返しをしたがったのさ」と語る。大原浜と一番町四丁目商店街振興組合は、神輿が取り持つ縁で今後も交流したいという考えを持っている。

多額の修復費対策に苦労

三熊野神社の修復については大きな課題として残ったままだという。同神社は大原浜の守り神として歴史を重ねてきた。石森さんは「住民は漁のシーズンに入るとき大漁を祈願する。元朝参りも七五三のお宮参りも、誰かが病気で手術を受けげっときもお参りに行くんだよ。だから神社が壊れたときは住民がすぐ集まって『何とがしねえど』ということになった」と前置きしたうえで「直すのにも大金が掛かる訳だから『自分たちでやっぺし』ということになった。仲間に土建屋さんもいたので、重機などを借りたり、作業の指導を受けたりした。材木も流木を拾い集めて使った。石段も壊れ、波打ったような状態になったから、石に番号を振って一ヵ所に集めた後、一個一個積み直した。素人がやったことなので、どの作業も出来栄えは良かったとは言えないのだが……」と苦笑する。

修復作業は屋根など何ヵ所か残っている。専門業者でなければ手が付けられない所もある。しかも元通りに直すのには二千万円ぐらい掛かるということが分かった。「地区ではとっても賄えない額だ。政教分離ということで行政からの支援も難しいと言われだしね。地元で再建協議会をつくって対策を考えている。新潟県中越地震のときには同じような例で県が絡んだ財団基金を活用したということを聞いたので、その辺も調べているところなんだ。完成時期を聞かれても、未定と言うしかないよ」と悩みを打ち明ける。

神社は未完成のため、寄贈された神輿は地区のコミュニティーセンター内に安置されている。

２００人から80人台に減る

神社を核にまとまっている大原浜だが、震災によって住民の生活は大きく変わってしまった。大原浜の地名が示すように、平地が多いことから地区の奥まで津波が到達し、被害を大きくした。約九十戸のうち七十戸が被災、二人が犠牲になった。震災前の戸数、人口が八十三戸、二百人だったのが、三十五戸、八十二人に大幅に減少した。地区内に設けられた二ヵ所の仮設団地には谷川浜など半島東部からの避難者を含め五十八戸、百五十五人が暮らしている。

県道からは、かつて集落があった場所に流されずに残った古民家と蔵が目に付く。その県道は地盤沈下のため波をかぶりやすくなった。今後、道路は山側に造ってほしいと住民から要望が出ている。元郵便局員だった石森さんは、震災一ヵ月後に区長に就き、次々と出てくる難題に取り組まなければならない。

金蛇水神社　岩沼市内にある神社。同神社と市によると、創建の年は明確ではないが、千年を超える歴史と伝説を持つ古社。平安時代、人々がこの地に住み農耕を始めたときに山から平野へ水の流れ出るこの場所に水神を祀ったとされる。社名の由来については、九八九年（永祚《えいそ》元年）、名工として知られた京都の刀匠・三条小鍛冶宗近が神恩を謝して献じたと伝わる雌雄一対の金蛇が奉納され、ご神体として崇められたことによるものとされている。金運円満、商売繁盛、病気平癒、五穀豊穣、大漁満足、海上安全などの神として信仰を集めている。仙台市青葉区の一番町四丁目商店街には同神社の分霊社があり、毎年夏には二日間にわたり神社の祭典を開催。稚児行列や神輿渡御、お囃子、夜店などで市内中心街はにぎわう。

伝統つなぐ谷川っ子ソーラン（大谷川浜《おおやがわはま》）

旧谷川小児童は全員が泊浜

*石巻市立谷川小学校は宮城県内で一番海に近い学校であった。牡鹿半島中部東側に位置する大谷川浜に立っていた。津波で二階建て校舎はすっぽり津波にのまれて全壊、地域の避難場所でもあった体育館は跡形もなくさらわれてしまった。幸い、児童と教職員は全員避難して無事だった。

翌二〇一一年度に同市立大原小学校に間借りした後閉校し、一二年度にそのまま大原小に統合、長い歴史に幕を下ろした。新たな生活を送っている児童たちの様子を知りたくて、二学期が始まって間もない一二年八月三十日、大原浜にある同校を訪問した。学校は大原湾を見下ろす高台にあり、玄関に入ると校舎内から児童たちの元気な声が聞こえてきた。

大原小の教職員十二人のうち、旧谷川小に勤めていた教諭は末永英之さん（49）＝教務主任＝と瀬戸口京介さん（29）＝体育主任＝の二人だけで、震災翌年度に末永さんは石巻市立住吉小学校から、瀬戸口さんは同中里小学校からそれぞれ旧谷川小に転勤した先生たちであった。校長室で末永さんに旧谷川小の児童のことを中心に話を聞いた。内容は次の通りだ。

現在、大原小の全校児童は二十七人で、このうち旧谷川小学区から通学する児童は五人。震災時の旧谷川小学校に児童は十四人いたが、大原小を間借りした翌年度は転校によって半分の七人に、さらに統合初年度の一二年度は五人に減少した。これは卒業生が二人に対し、新入生がゼロだったためだ。学年別に見ると、一、二年ゼロ、三年一人（男）、四年一人（男）、五年二人（男女各一人）、六年一人（女）。旧谷川小学区は鮫浦、大谷川浜、谷川浜・祝浜、泊浜の四行政区で構成されていたが、五人は全員泊浜に住む児童である。これには訳がある。学区で最も南側にある泊浜は、谷筋の傾斜地に立つ建物もあり、津波被害を免れた住宅が多い（全六十戸のうち被災したのは十九戸）。

このため児童たちは震災後も引き続き自宅や被災しなかった家を借りて住んでいる。ほかの浜の児童は転校したり、前年度に牡鹿中学校へ進学していたりした。大原小までの通学方法は住民バスを利用しており、朝は泊浜発七時二十五分、大原小着八時、帰りは大原小発二時四十五分と三時三十分。片道三十五分の道のりである。

間仕切りで1教室に全学年

各学年の教室に案内され、授業を見せてもらった。統合小学校といっても、一つの学年が三人から七人の児童で、ほぼマン・ツー・マンによる指導の学年もある。六年生の教室に入ったとき末永さんは「谷川小が間借りしていた昨年度は、この一教室で谷川の全学年が勉強していた。教室を三つに間仕切りして、七人いた児童を低学年（二年一人）、中学年（三、四年三人）、高学年（五、六年三人）に分けた。中学年と高学年は複式学級で、職員室も一教室借りて使用した」と教えてくれた。職員室を含め二つだけの教室で一つの学校だったということに驚いた。そして同時に、震災が児童数を半分以下に減らすという教育現場への影響を思い知らされた。

夢を持って元気に新生活

授業が終了した後、旧谷川小学区の泊浜から通学する児童に、谷川小から大原小に替わったことへの感想などについてインタビューした。協力してくれたのは五年・阿部唯さん（10）と六年・松川千紘さん（11）の二人だ。

学校が替わって寂しさとか不安はなかったのか。また、谷川小の友達がいなくなって寂しくないのかと尋ねた。

唯さんは「お母さんの母校でもあるので、できたら同じ谷川小から卒業したかったけど……。でも転校していった友達がときどき遊びに来てくれるからうれしい。震災前から谷川小の子どもが少なくなり、大原小と統合するという話があった。そのころから大原小と交流会があったため、大原小の人ともすぐ仲良しになれた。これまでプールでの授業とサツマイモの収穫などが楽しかった。だから寂しさとか不安はなかった」、千紘さんも同様に「新しい友達もできた。通学に掛かる時間だって谷川小のときとそれほど変わらないし、変わったと言えば泊浜のバス停が前は海岸だったのが、今は高い所に移ったことぐらいだから」と、子どもらしい屈託のない答えが返ってきた。

中学生になったら部活は「バレーボール部に入りたい」という唯さんが将来なりたい職業は「パティシエか美容師。お菓子とか料理を作るのが大好きだし、髪を結んだりするのも好きだから」。そして「卓球部に入りたい」という千紘さんは「芸能人。震災からしばらくの間、テレビを見る時間が長くなってしまったが、テレビに登場するような人になりたいと思った。それに震災後、激励に訪れた芸能人を見て、自分もこうなりたいなあと考えた」と語ってくれた。二人とも明るく、楽しい学校生活を送っている様子がうかがえた。

震災時、谷川小の三年生だった唯さんは後片付けのため一人で二階の教室に残っていたときに大きな揺れに襲われたという。階段が壊れて一階に降りられずに閉じ込められてしまった。児童たちが校庭に避難した際、唯さんがいないことに気付き、教頭の綱川誠さん（51）＝現・村田町立村田小学校教頭＝が足を踏み外さないよう慎重に二階へ上がり、唯さんを無事救出。唯さんは泣いたまま動けない状態が続き、ショックに対する心のケアが必要だった。このことは震災当時の校長で、現在は石巻市立前谷地小学校の校長・千葉幸子さん（59）から聞いた話だ。その唯さんは徐々に元気になって、インタビューに応じてくれたときは、明るくて活発な女の子にすっかり戻った様子だったので、安心した。千紘さんは谷川小に入学したとき、たった一人の一年生だったという。

統合前の交流が実を結ぶ

末永さんは、大原小にすぐ解け込んだ旧谷川小児童の頑張りを褒める。

統合後、スムーズに事が運んだのは、間借りしていた統合前の一年間、同じ校舎で二つの学校が学んでいたことが挙げられる。運動会や学習発表会などの大きな行事は大原小と一緒に開催し、児童同士も教職員同士も交流があった。統合した四月早々からもともと同じ学校の児童のようであった。もちろんその陰には新しい学校になじもうとした谷川小児童の努力があってのこと。

瀬戸口さんも続けた。

間借りしていたころから交流があったため、統合してからも全体的に雰囲気が良く、心配するほどではなかった。谷川小のときは学年に一人とか、女の子が一人、男の子が一人ということがあったが、統合によって友達が増えたという喜びがあったようだ。

学校統合について末永さんは、子どもたちのほかにも、お礼をしなければならない人たちがいるという。「谷川小のＰＴＡ会長さんや学区内の区長さんたちが『学校は被災したので、校舎を借りている大原小に統合するのが子どもたちの幸せになる』と石巻市へ要望していただいたことが良かったと思う。地域の要望による統合が本来あるべき姿と思う」と、長い歴史を持つ学校の閉校に理解を示してくれたことに感謝する。

地域とのつながり引き継ぐ

旧谷川小の歴史と伝統を守ることは旧谷川小校長の千葉さんやＰＴＡ・地区役員らの強い願いであった。統合前に千葉さんと、当時の大原小校長・中山一弥さん（55）＝現・大崎市立岩出山小学校校長＝の両校長が話し合い、基本的事項を新生・大原小へ引き継いだという。その話を聞こうと、一二年九月三日、千葉さんが現在勤務する前谷地小を訪ねた。前谷地は石巻市の北西部に位置し、ＪＲ石巻線・前谷地駅を中心に西は美里町、北は涌谷町と接する有数の稲作地帯だ。

二〇〇四年に完成した校舎は、地場産のスギをふんだんに使用しており、玄関に入った途端、木の香りに包まれ、懐かしくて心安らぐような感じがした。旧谷川小から新生・大原小への引き継ぎについて千葉さんは次のように語った。震災で閉校に追い込まれた谷川小への愛情が感じられる話であった。

旧谷川小四学区の結び付きは強かった。(大原小に間借りしていた)谷川小最後の一一年度で谷川地区に住んでいた児童一人が卒業したため、統合された大原小に通う旧谷川小の児童は泊地区だけになった。泊地区だけという状況はすぐには変わらないことが予想される。このままだと今は仮設に入っているほかの三地区(鮫浦、大谷川浜、谷川浜)の住民と小学校とのつながりがなくなってしまう。一一年度は児童が仮設に出向き、草取りなどに取り組んで、長年にわたり築き上げた絆を切らないように努めた。今後も旧谷川小学区の人たちを孤立させず、学校への思いを立ち切らないような活動を続けてほしいと要望した。学校は地域住民のよりどころという役割を果たしている。地元の子どもが学校にいないと、どうしても寂しくなるし、縁遠くなってしまう。

また、旧谷川小の伝統行事を残してほしいとお願いした。十数年続いている「谷川っ子ソーラン」という踊りがその代表的なもので、統合後、一回目となる一二年度の大原小運動

統合後、初めての学区民運動会で牡鹿っ子よさこいソーラン（旧谷川っ子ソーラン）を元気に踊る児童たち＝大原小学校提供

会で、児童が大原小の伝統である「獅子舞」とともに披露したという話を聞いてうれしかった。それと一一年度には、谷川小が創立されて百三十八年間、現地校（震災時に立っていた校舎）百六年間の伝統を残そうと、大原小内に谷川の閉校記念室が設置されたほか、旧谷川小近くには記念碑が建立された。貴重な展示資料や記念碑などを通じて、いつでも谷川小の歴史を振り返られるようになったので、役立ててもらいたい。

学校には地域の支えが欠かせない。震災前までいた泊浜以外の児童がもしかしたら将来戻ってくるかもしれない。そういう意味でも、地域とのつながりは保っていてほしい。

瓦礫の中から集めて展示

軽快なリズムの谷川っ子ソーランは、浜っ子たちの元気な姿を伝える踊りとあって、学校だけでなく地域からも親しまれてきた。これは児童や卒業生の大切な思い出として形に残せるものだけに、統合になっても継続してほしいという希望はよく理解できる。地域の住民もきっと同じ思いなのだろう。一二年五月十九日に開催された大原小学区民運動会で、谷川っ子ソーランは牡鹿っ子よさこいソーランと名称を変え、同校の一年から四年までの児童が元気に踊りを披露。旧谷川小から大原小にしっかりと受け継がれた。

千葉さんが話した谷川小閉校記念展示室は、大原小を訪問した際に、末永さんに案内されて見せてもらった。一つの教室を利用して展示されていた資料は学校の沿革史や額縁に入った校歌の歌詞、津波が襲来した三時二十五分で針が止まったままの大きな丸い時計、一一年三月の学校行事予定が記された黒板、学校名を表した標柱、トロフィー、思い出の写真、閉校記念誌、学校の震災関連記事、全国から寄せられた応援寄せ書きの横断幕などが部屋いっぱいに飾られていた。被災した資料はどのようにして収集したのだろうか。末永さんは「職員、保護者、全国から来ていただいた多数のボランティアの人たちが一生懸命になって、瓦礫や泥の中から探し出してくれた」と説明。そのボランティアの人たちについては「閉校記念室の整備や校舎の清掃をしてもらったり、さらには谷川小の閉校式や感謝の会の準備をしてもらったりするなど、物的支援のみ

閉校記念展示室で旧谷川小の黒板や行事予定表などを見る末永さん（左）と瀬戸口さん。展示物はどれも、瓦礫の中から見つけ出し、きれいにした

ならず、精神的支援をずっと続けてくれた。遠路はるばる夜行バスでやって来た団体もあった」と謝意を表する。

長い時間、取材に協力してもらった末永さんの祖父は、八十年前に泊分校で教壇に立っていたという。谷川は縁の深い学校であったのだ。

クッキーの販売に達成感

新大原小の校長は加藤茂実さん（55）。その年に石巻市教育委員会指導主事から異動して就任した。学校運営について「震災対応と統合初年度という学校の実情を踏まえて、谷川と大原両校の教育課程を基本継続させることと、再生を考えている。つまり新しい地域の人材や素材、両校の良さを取り入れながら進めていく。運動会などの継続的な行事や総合的学習などは地域の力を借りながらスムーズにスタートできた」と語る。
加藤さんは総合的学習の成果について一例を挙げ、次のように説明してくれた。

大原小は震災前から、地元の海産物を再認識しようと三、四年生の総合的学習としてカキ養殖をテーマに掲げ学習してきた。震災のあった一一年度は中止になり、一二年はカキの出荷再開が遅れたため、ワカメ養殖に切り替えた。保護者の大半がワカメ養殖にかかわっていることも理由であった。学区内の表浜漁港まで三十分掛けて出掛け、地元の人たちからワカメの分別や芯抜きなどの作業を学習。その年の六月十八日に課題発表会を四グループに分かれて開催した。グループの一つは、地元のワカメを使ってお菓子を作り、販売しようと提案した。事はとんとん拍子に進んだ。被災地支援で訪れた東京家政大学の学生がレシピを担当、大阪の製菓会社が製品化したほか、パッケージ会社や地元漁協の協力を得た。商品名は「ふっこう‼みんな仲良し♪わかめクッキー」とした。カラフルなパッケージには「石巻市小渕産わかめ使用」と記し、「わかめの秘密クイズ」なども書き込んだ。これらはすべて児童らが考案。味もなかなかの出来である。九月六日に試食会を開いた後、十一月には一個三百円で販売会を開く。

ワカメクッキーの販売会で客集めのため法被を着て
太鼓をたたく千紘さん（左）と、出番を待つ唯さん。
このときは学校統合になって7ヵ月が過ぎていた

販売会の日程は十一月十七日、みやぎ生協石巻大橋店と聞いたので、その日、足を運んでみた。全校児童二十七人が教職員と保護者らとともに午前十時の開店前に到着していた。この日の各担当を確認した後、ワカメクッキー作りをした三、四年は店内で販売をスタート。「いらっしゃいませ」「小渕産のワカメクッキーです」などと大きな声で呼び掛けていた。その声に引き寄せられたように客が次々と訪れ、クッキーを珍しそうに手にしながら買い求めると、児童たちは元気に「ありがとうございました」とお礼を言っていた。私も買って食べてみた。クッキーはワカメを生地にしているため、薄い緑色で、口にするとワカメの香りが広がり、さくさくした歯ごたえがあり、おいしかった。

五、六年は店の外で獅子舞を披露、一、二年は店頭でＰＲ用のチラシを配り、客寄せの活動に取り組んでいた。獅子舞では、学校で取材に応じてくれた旧谷川小の五年・唯さんと六年・千紘さんも法被を着て、バチを手に元気良く太鼓を鳴らしていた。

七百五十六個用意したクッキーは完売した。材料費を製菓会社などに支払って残ったお金は石巻市への寄付金などに充てたという。児童らにとって充実感、達成感を味わうことができた行事だったに違いない。

切り立った崖の上に校舎

旧谷川小は海抜一〇㍍《メートル》余りの切り立った崖の上に立ち、すぐ目の前が太平洋なのだ。私が新聞記者時代に取材した旧志津川町立荒砥《あらと》小学校も目の前が海だった。このときでさえ、こんなに海が近くて大丈夫なのだろうかと心配したが、初めて旧谷川小の全壊校舎を目の当たりにして、こちらの方が海との距離が短かったので驚いた。きっと過去の津波襲来の記録から、被災することはないと思われて建設されたのだろう。荒砥小は二〇〇八年三月、少子化などによって閉校し、志津川小に統合された。志津川町も二〇〇五年四月の合併で南三陸町になった。

津波は来ないだろうと考えられていた旧谷川小は今回の津波で大きな被害を受けた。それでも児童、教職員全員が避難して無事だったことは、学校における津波避難の成功例として県内外の

津波にのみ込まれ全壊した旧谷川小学校。すぐ傍が海（鮫浦湾）である。校舎裏の山に避難して全員無事だった

学校や防災の関係者に注目された。このことについて当時の校長・千葉さんに聞いておきたいと思った。

地域と学校の連携が命救う

千葉さんによると、避難の様子は次の通りであった。

震災時、学校にいたのは児童が十四人のうち十二人、教職員が八人のうち七人だった。児童、教職員のほかに、校庭に避難していた住民や、児童を引き取りに来た保護者らを含め、乳児から九十歳までの五十人が学校からさらに二十メートルほどの高台にある県道へ逃げた。それでも危険を感じたので山に登った。そこは暖を取るのが難しく、風雪と寒さを避ける手段がなかった。このため山を下りて、甚大な被害を受けた校舎の脇の瓦礫や泥をよけながら、最終的に学校の裏山にある神社に避難した。火を焚き寄り添って一夜を明かした。学区内の集落は泊浜を除きほぼ壊滅したことを知った。翌十二日朝、家族と再会できた人たち以外の避難者はその泊浜まで約七キロの道のりを約二時間掛け歩いて移動。食事にありつけたのは正午すぎであった。十三日には全児童を保護者に引き渡すことができた。

避難行動ができたのは、地元消防団員の適切な助言と迅速な対応が挙げられる。地震後、高台の県道で待機していた団員が、防波堤で見張り役をしていた団員から津波襲来の連絡を受け、児童らに「ここに逃げろ」と叫んだので児童や住民らはすぐに県道へ避難。さらに、寒さのため命の危険にさらされた山中でも、団員が「学校の裏山に登れば助かるという昔からの言い伝えがある」と助言してくれた。避難者の一部からは「また学校の方角に戻ることは危ない」との声もあった。その二つの考えに私は迷った末に、①山中では暖が取れない②樹木に囲まれた高い場所なので救助隊に見つかりにくい③山を越えても安全な所はない④山中、暗い中を移動するのは危険⑤神社のある学校裏山は岩盤で、助かった例があるという⑥神社で寒さをしのげる――との考えから、地域をよく知っている消防団の助言を受け入れ、学校裏山に移動することを決断した。避難場所は、校地から県道、山中、学校裏山へと三ヵ所になる。

大谷川浜にひっそりと立つ閉校記念碑。
校歌や校舎の写真、沿革が刻まれている

消防団員のアドバイスを受け入れた千葉さんの的確な最終判断が適切な避難行動に結び付いた。地域を熟知した住民と学校の連携がまさに児童をはじめ地元の人たちの命を救ったのだ。普段から交流を欠かさなかった学校と地域だったからこそ可能だった災害時行動と言える。

千葉さんは、震災のあった年の卒業式と、翌年度に行われた閉校式についても、感慨深げに次のように語ってくれた。

卒業式は全学年の修了式と合わせ一一年四月九日、閉校になっている旧大原中学校体育館で開催した。児童たちは地域の強いつながりと温かさを胸に刻み、新たな一歩を踏み出した。私が自宅に持ち帰っていたために流失を免れた卒業証書を三人の卒業生に手渡した後、「震災発生から三日間の頑張りを通して命の尊さと人の真心を学んだ。自信を持って中学校でも頑張ってほしい」と卒業生に励ましの言葉を贈った。また、閉校式は一二年三月二十四日、同じ旧大原中体育館で開いた。旧大原中の敷地内に建てられた仮設住宅には、谷川小学区の住民が多く入居しているため、谷川小の卒業生も参加しやすいようにと考え、閉校式の会場とした。出席者の間からは「寂しいね」と惜しむ声が聞かれた。児童らは、この年度に一度も踊ることがなかった谷川っ子ソーランを最後に踊った。会場には大きな拍手が響き渡った。この日は、最初に谷川小で校舎への感謝の会と、記念碑の除幕式も行われ、校歌を歌ったり、記念写真を撮ったりして、思い出の校舎に別れを告げた。

不屈の心たくましく

除幕された閉校記念碑を実際に見た。全壊した校舎をバックに高台の県道沿いに立っていた。海と山が織りなす大谷川浜のリアス式海岸に砕ける波の音が聞こえてくる。記念碑には校歌と校舎の写真、沿革が刻み込まれていた。

谷川小校歌

作詞　三浦作兵衛
作曲　熊田　為宏

一　鮫の浦風　さわやかに
わたる緑の丘のうえ
つばき花咲く　学舎は
かもめの声も　こだまして
明るい　谷川小学校

二　磯にとどろく　荒波の
不屈の心　たくましく
力合わせて　ともどもに
真の光を　求めゆく
楽しい　谷川小学校

三　豊かな恵み　山川の
光あふれる　故郷に
あすの栄を　望みつつ

学びの道を　仰ぎゆく
輝く　谷川小学校

校歌にうたわれている「……不屈の心　たくましく」「……光あふれる　故郷に」という詩を詠んで、元気に、明るく大原小で学んでいる旧谷川小の児童たちの顔が浮かんだ。

旧石巻市立谷川小学校　一八七三年に第七大学区第二中学区第九十八番谷川小学校として創立。寺院を仮設校舎とし、翌年に谷川浜に校舎を新築した。津波に襲われた大谷川浜の場所には一九〇五年、谷川尋常小学校として開校した。全壊した最後の校舎（鉄筋コンクリート二階建て）は一九七九年に完成、二〇〇六年には完全複式学級による指導体制となった。閉校するまで二千三百人の卒業生を送り出した。この二十年の間だけでも、虫歯予防や環境美化などを推進した功績が認められ、県をはじめとする関係機関から表彰されている。震災では、大切にしていた大きな校木・もちの木も倒されてしまった。

何も変わらない荒涼たる風景（大谷川浜《おおやがわはま》）

土と砂から枯れ野になっただけ

震災後、初めて牡鹿半島の東海岸方面へ向かったのは二〇一二年六月二十四日であった。鮎川浜から市道を通り北上。新山浜、泊浜、谷川浜・祝浜、大谷川浜、鮫浦へ抜けた。途中、一部区間の道路や山の斜面が崩れ、その復旧工事がまだ終わっていなかったが、片側の通行規制が敷かれ、何とか通れるようになっていた。

このコースをたどったのは、旧谷川小のある大谷川浜周辺を見たかったからだ。谷川浜や大谷川浜に到着したときに自分の目を疑った。岸壁から山に向かって奥深く広がる平地には、全壊した旧谷川小の校舎以外に建物は全くないのだ。大半の瓦礫は処理され、集積場にうず高く積まれていたものの、かつては集落があり、日常の生活が営まれていた場所は時折、漁港の復旧工事を進める車が土煙を上げながら行き来していた。その土と砂だけの荒涼たる風景に思わず「エッ、なぜ、いまだに」と驚きの声を上げた。

谷川浜で大原浜方面からの県道41号（女川牡鹿線）と合流する。この県道は東北電力女川原子力発電所付近を通り、女川のまちへ通じる幹線道路だが、谷川浜と大谷川浜では道路がアスファルトごと津波に持っていかれた。このため、本来は海岸沿いを走っていたのが陸側に迂回して付け替えられた。しかし、谷川から鮫浦までは未舗装で、所々に瓦礫が散乱し、車のハンドルが取られそうになって苦労する。道路が整備されていなかった何十年も前にタイムスリップしたような感じであった。

約四ヵ月半後の一二年十一月十一日、大谷川浜に最後の取材でまた訪れた。更地化した土地は雑草が生い茂り、枯れ野になっていた。震災の発生からちょうど一年八ヵ月が経過した日であった。土と砂から枯れ野に変わっただけで、状況は何も変わっていない。時間だけが経過しており、早期復興は言葉だけに過ぎなかった。地域住民の気持ちを思うと怒りは収まらない。

長引くほど転出者は増加

住民はどう思っているのだろうか。大谷川浜区長の阿部政悦さん（53）＝石巻市大谷川浜字苗代目＝に聞いてみた。阿部さんは鮎川浜で廃棄物収集の会社に勤務の傍ら、震災後の一一年六月から区長を務める。震災前は漁業にも携わっていた。阿部さんが住んでいる旧大原中跡地の仮設住宅を訪ねた。この仮設には一一年七月から入居しているという。「この仮設団地には（旧）谷川小学区の被災住民を中心に三十七戸、百人近くが入居している。避難所生活を送っていた人の

大谷川浜の高台で被災状況を説明する阿部さん。遠く望む海は鮫浦湾、その手前の、かつて集落のあった場所は雑草で荒れ放題だった。右の建物は建築が進む木村さんの自宅

中には学区外へ転出した人が多い。大谷川の高台集団移転地は決まり、今のところ二十戸ほどが移転を希望している。その人たちの中には、市から具体的な内容が示されていないから、はっきり決められないでいるケースもあるんだよね」と現状を語る。そのうえで、「入居できるまで最低でも三年ぐらい掛かると言われているんだけど、それもはっきりしたものでない。年数が経てば経つほど希望者は減っていくだろうね。現に『買い物や病院のことを考えっと、転居した方がいい』という声も聞くしね」と行政側の早い対応を望む。

集落を預かる区長としての気苦労は絶えない。「浜に何人戻るのかが一番気になる。欲を言えば、震災前の状態に戻ればいいんだが。何せ大谷川は年齢が高い人が多い。生活の柱とな

る人で四十代後半が一人、五十代が二人、後は六十代以上だからね。後継者がいるとこだって二戸で、養殖をやらせたいと思っている私の息子を含めても三戸だけだからね。海の仕事が楽しいと思われるようにしないとさ。若者が戻ってくれるようだといいんだがなあ」と心配する。

取材記者が「ここが1番ひどい」

石巻市などの調査によると、震災で大谷川浜の二十六戸はすべて被災した。旧谷川小学区全体でも泊浜を除いてほぼ全域が大きな被害に遭った。大谷川浜の場合、背後に控えた山に急いで避難したため、百人近くいた住民の犠牲者はゼロだった。しかし、隣の谷川浜・祝浜はそうではなかった。平地の面積が広かったことも影響して、犠牲者と行方不明者を合わせて二十五人と、半島では最大の人的被害となった。震災前の人口が百六十人台というから、被害の甚大さがうかがえる。

指定避難所が全て流失した大谷川浜などの住民避難場所は山を越えた県道41号沿いの旧大原中体育館となった。一一年七月には仮設団地も同じ敷地内に設けられ、他地区に転出しないで地元に残った人たちが今も暮らしている。

阿部さんに震災時の対応とそのときの思いについて語ってもらった。「当時は鮎川の会社にいた。大谷川に帰る前に避難所（旧大原中）で食料や布団など物資の手配などを続けたため、大谷川と、途中の谷川の惨状を見たのは十日ぐらい経ってからだった。ここまで津波が来るのかと、予想をはるかに超える被害にびっくりした。それから少し経って取材に来た記者が『岩手県から南下して被災地を取材してきたが、何も残っていないこの辺りが一番ひどい』と言っていた言葉が、今でも強烈に耳に残っているよ」と振り返る。

現在も状況が変わらないことに対しても「震災時、浜は情報も交通も遮断されて孤立した。その後はなかなか復旧が進まない。これって、街から遠いために置き去りにされているのかと思いたくなるよ。どうにかなんねえものかな」と嘆く。

水産庁の取締船に伝言託す

阿部さんの言葉で思い出したことがあった。孤立状態になった半島方面などの各浜へ水産庁の取締船「白竜丸」*が出動したことである。出動は二週間にも及んだ。被災者を救助したほか、物資を運んだりしながら、その場で住民から聞いた話をメッセージとして石巻市災害対策本部に届けた。助けを求めたり、安否を確認したりするそれらの情報を、市役所内の特設スタジオで災害放送を続けていた地元のコミュニティFM放送局「ラジオ石巻」が電波を通じて流したのだ。そのとき、私はラジオ石巻の専務として現場で指揮を執っていた。原稿を受け取り、アナウンサーへ渡した当時のことが鮮明に記憶に残っている。メッセージからは、取り残された浜の住民の悲痛な叫びが伝わってきて、いたたまれなかった。

自慢の養殖業は徐々に復活

鮫浦湾に面した大谷川浜の漁業は、その姿から「海のパイナップル」と言われるホヤと、ホタテの養殖が主体である。半島の東側沿岸は海水が冷たいことから、ホヤ、ホタテの養殖に向き、山の栄養素を運んで来る旧北上川河口から広がる西側の仙台湾はカキ養殖に適しているという。阿部さんにホヤとホタテ養殖の進み具合について聞いた。「去年（一一年）十一月に養殖を再開したホタテの出荷は、今年秋に七、八〇パーセントまで復活したからね。ホヤは三年周期の養殖なので、これからだ。例年、寒い季節の十二月半ばに一週間ぐらい掛けて種を着床させ、その後は種を分散させたり、親種を作ったりする作業を続ける。今回は三年後（一五年）の三月ごろまでには最初の出荷が可能になると思うよ。出荷は秋まで続けられる」と説明してくれた。出荷時期は、カキが一般に九月下旬から翌年三月までなので、ホヤとカキのシーズンは重ならない。うまくできているものだと思った。

話を聞いていて、好漁場の鮫浦湾から取れるホヤやホタテは、浜自慢の水産物だと、あらためて分かった。

大谷川浜の漁協は、県漁協谷川支所に所属する。石巻市牡鹿総合支所によると、一一年秋までの同支所漁業復興状況は、ホヤ養殖が震災前の経営体（漁家）十六に対し半分の八に、ホタテ養殖は六に対し五にそれぞれ復活を果たした。このほか刺し網漁も徐々にではあるが、回復傾向を見せている。

漁港は、同じ漁協谷川支所の谷川浜が最初に復旧工事が始まった。阿部さんは「谷川が完成してから大谷川で着工すると思う。当面は谷川の港を共同で使うことになる。今だって、大谷川には船を着けられる場所がないから、谷川の方から出入りしている」「漁業で成り立つこの浜では船がないと何もできない。組合員は合わせて百人ぐらいいる中、船を失った人もいる。船を共同で使用したり、中には中古船を用意したりした人もいる。みんな仮設住宅などから通って漁に取り組んでいるよ」と現状を語る。

残った釣り船の復活願う

阿部さん自身の生活についてはどうなのだろうか。震災後の変化は次のような厳しい状況であった。

以前は会社勤めをしながら、釣り船を営んだり、ホヤの種作りや開口したアワビ、ウニを金華山周辺の海域で取ったりしていた。かつてホタテ養殖をしていたこともあった。それが、震災で一変した。釣り船二隻のうち、大きな方の一隻は流失。五、六人が乗れる小さな方の一隻はたまたま修理のため陸揚げしており、山中から見つけ出した。今は旧大原中の一角に大切に保管している。これから再び修理して、使えるようにしていく。ホタテ養殖は、船などの設備が充実していないとできない。その資金がないため手が付けられない。

長男は村田町で働き、二男は地元でアルバイトをしている。今の私は会社の給料で何とか食う分はあるという状態だ。しかし、これから住宅の建設などに費用が掛かるため、ホヤの種作りだけでなく、ホヤ全般の養殖作業を手掛けたい。何しろホヤは高い収入を得られる。まずは漁具をそろえることが重要だ。もちろん釣り船は復活させたい。息子が漁業をやるかどうかによっても人生設計が違ってくる。

再建住宅第1号でエール

大谷川浜で車を運転していたら、海岸とは反対方向の奥深い山を背にした高台にポツンと立っている一軒の家が見えた。建築中のようであった。一二年十一月十一日、地元に住んでいた木村富士男さん（74）の自宅だと教えてくれた阿部さんに案内してもらい、狭い道を上った。そこからは鮫浦湾を一望でき、浜の被災状況もよく分かる場所だった。建物の周りにはネットが張り巡らされていた。きっと鹿の侵入を防ぐために設けたのだろう。

阿部さんによると、旧谷川小学区では最も早い住宅建設という。早速、建て主の木村さんに話を聞くことにした。

木村さん夫婦は旧大原中跡地の仮設住宅に入居していた。大谷川浜の平地にあった木村さんの自宅は流されたが、家族は助かった。一二年の春に自分が所有する高台の土地に自宅の新築を決意したという。その理由は二つあった。一つは「九十七歳になる母親は震災後、仮設住宅では大変なことから老人施設に入所した。高齢の母親が元気なうちに持ち家を見せて、安心させたかった」という親に対する思いからであった。もう一つは「堤防の全壊や地盤沈下で集落のあった土地は今でも冠水している。これからどのように復興していくのか自分の目で確かめていきたい。『ここで生きるんだ』という姿勢をみんなに見てもらうとともに、浜の復興へ向けて頑張ろうとしている若い人たちへのエールになってもらえればいいと考えた」

木村さんは旧牡鹿町議を経て、石巻市に合併した〇五年四月まで旧牡鹿町長を二期務めた。かつてのリーダーとして範を示したかったという強い意識があったに違いない。

木村さんによると、新しい住宅は、建築業の復興需要で完成は遅れたが、一二年十二月初めに完工した。電気も通った。飲料水も沢水をろ過して使用することが保健所の検査を経て許可され、ライフラインも整った。仮設住宅からの引っ越し準備が残っているため、家族三人がそろって入居できるのは、もう少し時間を要するという。

高台集団移転が完了するまでは、大谷川浜に谷川学区再建第一号となった木村さんの家だけが立っている可能性が高い。

取り残される浜にしたくない

阿部さんが最後に次のように語った言葉が心に残った。「震災を契機に、避難・生活道路として、半島東側の大谷川浜と西側の小積浜を直結する小積・大谷川トンネルの建設を真剣に考えてもらいたいもんだ。震災前から、原発事故が起きたときの避難道路を造ってほしいと関係する行政機関に要望していた。これで十分以上は短縮される。いつまでも取り残される浜であってはならないと訴えたいね」

白竜丸　全長七八・一〇《メートル》、幅一二・四〇《メートル》、総トン数一二二九《トン》、最大搭乗員三十五人。水産庁に所属する漁業取締船で、普段は東京港に係留。違法な操業や漁具の設置を行う国内外漁船などの指導・取り締まりを目的にしている。旧白竜丸が老朽化したため、一九九八年五月二十六日に新たに建造。二代目白竜丸として航行能力を大幅に向上させた。東日本大震災では支援物資を被災地に運んだ。通信手段を絶たれ、孤立した石巻市と女川町の牡鹿半島や石巻市雄勝地区の各浜では、住民たちから安否確認など手書きのメッセージを記した紙を受け取った。メッセージはラジオ石巻で放送したり、水産庁のホームページに掲載したりした。それを聴いたり、読んだりした県内外の家族や親せき、友人らから連絡が入るなど効果を挙げた。

第三章　北部エリア

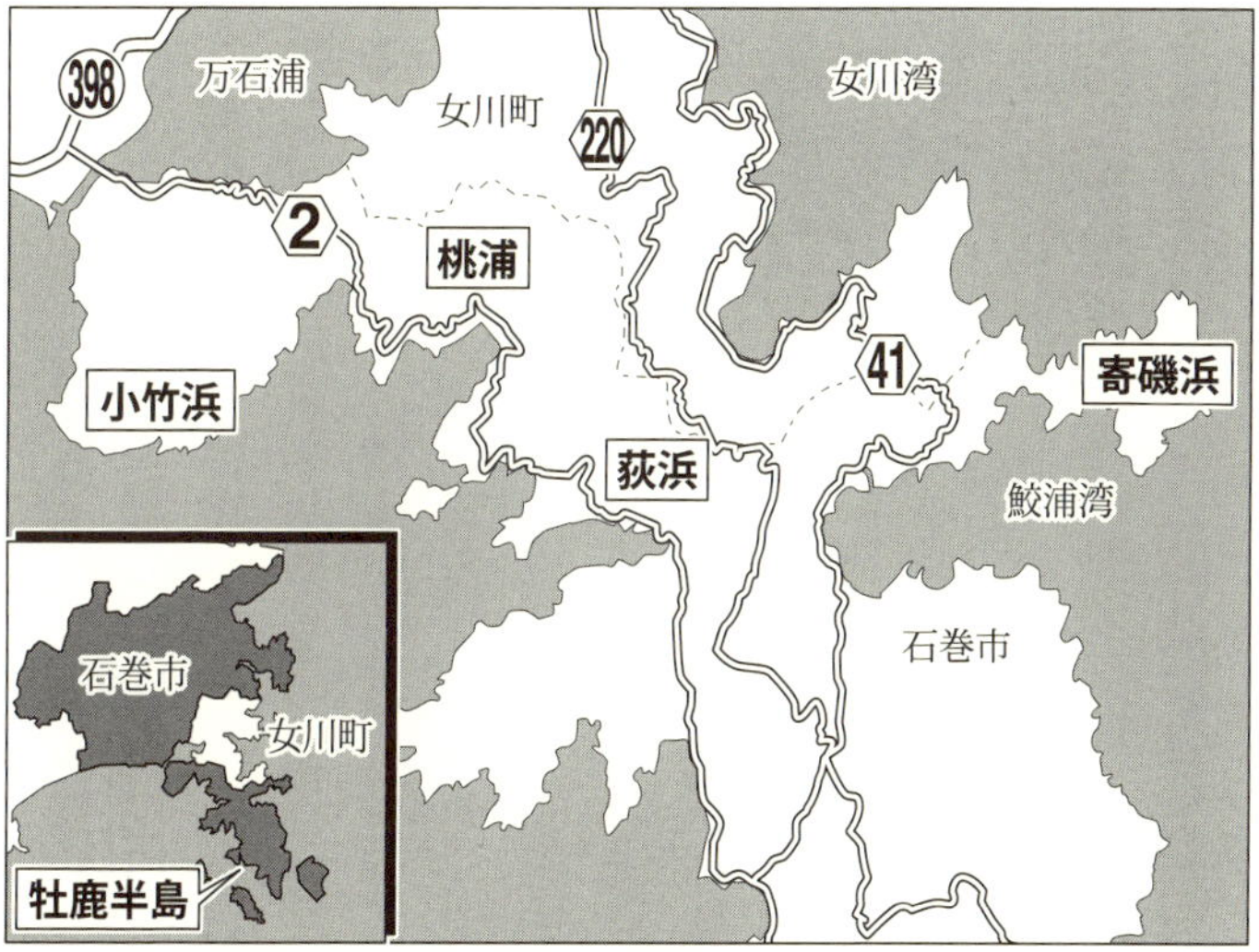

元大病院長、今も僻地医療に挑戦（寄磯浜《よりいそはま》）

眼下に広がる青い海は絶景

牡鹿地区の東北端に位置する石巻市寄磯浜へ向かった。厳しい暑さが続く二〇一二年八月二十日のことであった。石巻市に住みながら初めて行く所である。この浜は牡鹿半島から東側の太平洋に突き出ており、同半島からさらに細長い小さな半島が形作られたような地形を成している。北側には東北電力女川原子力発電所が立地。石巻からだと牡鹿地区の大原浜経由と女川町経由の二ルートがある。距離はほぼ同じだが、大原浜経由の方が早い時間で着くと聞いていたので、大原浜から谷川浜、大谷川浜、鮫浦、前網浜を通って車を走らせた。

市道寄磯線沿いの高台に、目指す石巻市立寄磯診療所はあった。石巻の街から約四十キロの道のり、一時間余り掛かった。診療所の眼下にはコバルトブルーの太平洋が広がり、海原はキラキラと輝き、まばゆい。心が洗われる絶景である。この穏やかな海が牙をむいて襲い掛かってきたということが信じられない。

高台に建つ仮設の寄磯診療所。眼下には女川町
塚浜方面の美しい太平洋の海原が広がる

高台の仮設プレハブで再開

寄磯診療所は牡鹿半島で唯一の診療所である。被災後、再開したことはニュースで知っていたが、地域住民にとって重要な医療機関だけに、医師や患者のその後の様子が気になっていた。

診察の合間に取材させてもらった。同診療所の所長は富永忠弘さん（84）＝石巻市寄磯浜字赤島＝。常勤の医師だ。看護師の佐々木美智子さん（55）＝女川町塚浜字小屋取＝と事務員の荒木真紀さん（53）＝石巻市寄磯浜字前浜＝の三人でチームを組んでいる。寄磯漁港の傍にあった診療所は一瞬のうちに津波に流されてしまったが、幸い、被災した人はいなかった。その場所は今回の震災で危険区域に指定されたことで、新しい診療所は西側に一キロほど離れた標高数百メートルの高台に仮設として移転することになり、一一年十一月九日に再開した。震災から八ヵ月後のことで、この間、不便を強いられていただけに、住民は大喜びであった。

新診療所の建設費用は民間の大手企業から市を通じて寄付された。百七十四平方メートルの敷地に旧診療所とほぼ同じ規模となる鉄骨平屋のプレハブ（床面積五十九平方メートル）を設置。診療室や待合室、休憩室などのほか、多機能心電計、全自動高圧滅菌器をはじめとする医療機器は県が整備し、再スタートを切った。

不便な移転場所に悩む

「これで万事ＯＫですね」と語り掛けたところ、思わぬ返答があった。「再開したのはいいが、問題点はいっぱいあるね」と落ち着いた口調でこう打ち明けられた。富永さんは年齢を感じさせないほど姿勢も正しく、はっきりと話す。さすがに僻地医療に情熱を注ぐ現役の医師だと感心した。

診療所を訪れた日は、再開してから九カ月余が経過していたときである。第一の悩みは、移転した場所の不便さだった。「患者数は少なくなり、運営上困っている。かつてはお年寄りの患者は歩いて五分から十分ぐらいで気軽に診療所に来た。『皆勤賞だね』なんて冗談を言っていたくらい。今では多くの人が通院するのに遠くなり、しかも急な坂道を上らなければならず、お年寄りにとってはきつい。若い人に車で送られて来る人が目立つようになった。中には四十分掛けて歩いて来院する人もいるからね」。さらに「そうでなくとも息子さんや娘さんに引き取られて、この地区から離れていった人も結構いる」と、口調は重い。

寄磯診療所の患者エリアは主に寄磯浜と、西隣の前網浜。合わせて五百人近くいた人口は三分の二に減少。女川原発関係者も来院していたが、近くにある宿舎が被災したことから、ほとんどいなくなった。このため千人の患者登録者数は大幅に減少。患者数は最も多いときで一日三十～五十人だったのが、今では平均五、六人、多いときでも十人程度という。

市立病院からの応援、今が好機

解決策を尋ねた。

志津川病院（南三陸町）のような大きな病院なら高台移転も理解できるけれど、ここのように小規模な施設なら、津波から逃げるという意識をしっかり持ってさえいれば、元の場所のような住民が利用しやすい平地に再建すべきではないかね。施設が流されても金額的に大損害になるとは思わない。行政は規制に縛られず柔軟に対応してほしい。今後、仮設から正式な診療所を建てるときはよく考えてほしい。

宮城県地域医療復興計画によると、寄磯診療所は一五年度までに再建する予定だ。運営方法の改善策についても語ってくれた。

開設当初と比べ社会状況が変わった。患者が少なくなっただけでなく、今は車が一家に少なくても一、二台あり、大きな病院へ通える時代になっている。将来的に閉院する方法もあるかもしれないが、だからと言ってそう簡単にできるものではない。お年寄りだけの家庭もあるからね。近くに医者がいれば住民一人ひとりが安心感を持てる。

元気でいる限りはこの仕事を続けていくつもりだが、これからの時代、専任医師の確保が難しくなることが予想される。経営母体が同じ石巻市立病院の医師に何日間か交代で来てもらうなどシステムを変えないといけない。被災した市立病院がまだ再開していない今がその基盤を築くチャンスかもしれない。

現在もそれに近いことは実施している。「私は足が弱くなって坂道を歩くことが大変になってきたことから、市立病院の伊勢秀雄院長のご厚意で、院長自ら二週間に一回、火曜日に診療所に来てもらい、往診を手伝ってもらっている。こうしたケースを拡充していってもらえればいいのだがね」と制度化を提言する。

「病診連携」へ再び準備

診療所では患者約千人分のデータをパソコン入力していたが、津波によって流失した。データ入力の必要性を重んじ、診療が再開した後、現患者分の入力を再び始めた。診療カルテのほか、既往症や生活習慣など患者の個人票を保存。ほかの病院への紹介状としたり、まちに住む身内の所で病院にかかるときなどに持っていってもらったりしている。「いずれはインターネットで診療所と中核病院を結び、医療上の僻地を解消したいと考えている。それには患者情報が欠かせない」と、「病診連携」の必要性を熱く語る。

望まれる運営法の改善で富永さんが指摘したように、僻地医療は交通事情の変化に伴いその役割が薄れていく一方で、高齢・過疎化により地域密着型の医療ニーズが高まり、体制の強化と存続の肝要性という矛盾も抱える。そうした中で、富永さんは医療の理想を求め続ける。

大病院の院長から転身

富永さんの経歴を聞いたところ、驚くことがいっぱいあった。仙台市の生まれだが、父親の故・守さんは石巻市にあった富永内科の院長を務めていたことから、小学生の六年間は石巻市で生活。石巻とは縁が深い。その後仙台へ戻り、旧制仙台一中、旧制二高を経て東北大学医学部を卒業し、医師の道を歩んだ。大学時代にはボートでならしたスポーツマン。一九六〇年のローマオリンピックでは日本代表コーチを務めた。

医療関係では、仙台市医療センター・仙台オープン病院の設立に参画、二代目の院長に就任し十四年間務めた。二代目といっても専任院長は富永さんが初めてであった。定年後も非常勤で同病院に勤務。一九九五年、寄磯診療所に七代目所長として赴任した。六十八歳のときだった。周囲からは「大病院の院長がどうして」と不思議がられたり、「やめた方がいいんじゃない」と反対されたりしたという。石巻市と合併する以前の牡鹿町立の診療所だった。赴任を決めたとき、「先生、冗談はやめてくださいよ」と当時の牡鹿町長、故・安住重彦さんからも本気にされなかったというエピソードが残っている。

若いころの夢を果たす

寄磯診療所に赴任して十七年が経つ。なぜ仙台から遠く離れた小さな診療所に勤務することを決意したのか、その理由を私でなくとも知りたい思いに駆られる人は多いだろう。それは、僻地医療の現実を知った者の真摯な取り組みであった。

オープン病院の院長時代、東北大から各病院に医師を派遣する東北大関連病院会の副会長を務めており、県内の医療状況をつぶさに見ていた。そのとき、八十七歳になる寄磯診療所の医師が高齢のため辞めたいが、後任が見つからず辞められないでいるという話を聞いた。地理的にも廃止できない診療所だと考えていたので「それでは私が行こう」と決めた。大自然の中で、僻地医療に携わるのが若いころの夢だった。

寄磯浜から牡鹿地区の中心部・鮎川浜にある牡鹿病院まで今でも車で四十分ぐらい掛かる。道路事情が悪かった昔はもっと時間を要した。そのため医療の空白地帯にはできなかった。開業医が去った後の一九五九年、牡鹿町立寄磯診療所が開所した。五十三年前のことだった。歴史的な背景も熟知していた富永さんの僻地医療に対する熱い信念が診療所勤務を後押しした。

取り組む姿勢に厚い信頼

診療科目は循環器科、神経内科が中心だが、内科全般のほか外科、整形外科など何でもこなさなければならない。「初めのころは、専門外について仙台にいる後輩たちに電話でアドバイスを受けた。それも次第になくなってきたけれど……」。赴任直前に発見されたがんを克服したほか、急な坂道が多い浜で往診するために、股関節《こ》の手術も受けた。そうした取り組みの姿勢が患者や医療仲間からの信頼を揺るぎのないものにしている。

浜では高台にある公舎に単身赴任し、自炊生活だ。診療日は月曜から木曜まで。木曜午後に仙台市泉区南光台の自宅へ行き、日曜の夜か月曜の朝に寄磯へ戻る。交通手段を尋ねたところ「七十五歳までマイカーで往復していたけれど、妻に『歳だから長距離運転はやめなさい』と注意されてからは、タクシーを使っている。無理はできなくなったしね」と笑う。長男の剛さん(56)も北海道の帯広第一病院の院長を務めている医師一家だ。

健康教育が患者に浸透

赴任して以来、患者に徹底してきたのが「健康教育」であった。健康教育については漠然と理解できるが、具体的な内容を説明してもらった。

僻地の医師というと、医療の利便性を提供するのが目的と思われがち。患者はどうしても薬と注射に過剰な期待を持つ。それに頼らない生活をしないといけない。薬には副作用があり、あまり多くの薬を取ることは、かえって不具合を引き起こす。生活習慣を見直すだけで防げる病気があることなど、正しい知識を持ってもらうため患者には、「飲む薬」ではなく「読む薬」をあげるから――と言ってきた。

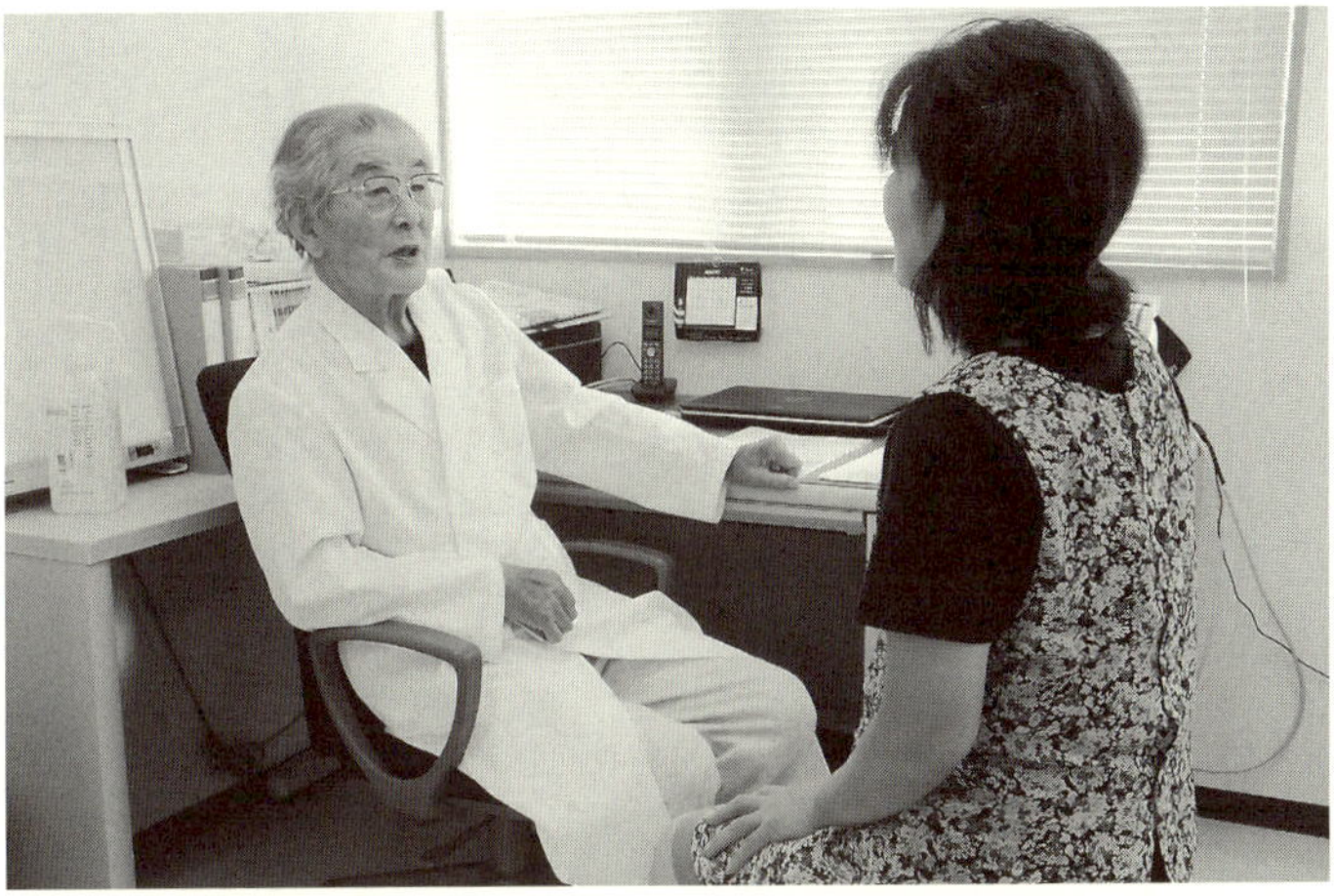

「浜での仕事は始まったの？」などと世間話を交えながら、最近の体調について聞く富永さん。患者との対話と健康教育を重んじている

「読む薬」の実践例が旧牡鹿町の広報誌に載せた「富永先生の診療室　一病息災浜でも里でも」。〇五年までの九年間で計九十二回に及んだ。毎回千五百字にまとめた原稿は高齢者に分かりやすいようにQ＆A方式で住民の質問を方言で表し、それに富永さんが標準語で答えるコーナーも設けた。連載は「正」「続」「完」の三シリーズの小冊子にまとめた。三冊目は石巻市に合併後、自費で刊行し、三シリーズとも地元住民へ配布した。

「薬をあまり出さないものだから初めは不満を示していた住民の間に、薬は最小限にという教えが徐々に浸透していった」と効果を語る。浜のお年寄りたちにとって今でも健康な体づくりの大切なバイブルとして役立っている。

僻地医療への取り組みが認められ二〇〇八年度

の河北文化賞を受賞した。河北文化賞とは縁があった。いずれもかつて所属していた東北大漕艇部は一九八〇年度、仙台オープン病院も二〇〇六年度に同文化賞を受賞している。

急斜面に立つ家は難逃れる

震災時の詳しい状況を聞いた。何せ当時の診療所は海に近い場所だった。一一年三月十一日は休診日の金曜だったため、看護師の佐々木さんと事務員の荒木さんだけが出勤していた。荒木さんの話によると「隣にある県漁協寄磯支所の無線に組合員から津波の情報が入ってきた。同時に市の防災無線で大津波情報が流れたため、急いで高台へ逃げて助かった。診療所があっという間にのみ込まれてしまう光景を見て、悪夢であってほしいと思った」と振り返る。

仙台の自宅で大地震に遭った富永さんも、診療所のことがとにかく気掛かりだった。

（震災の直前に）たまたま寄磯に取材に来ていたという新聞記者の、生々しい津波の様子を伝える新聞記事を見て初めて寄磯浜の状況を知り、愕然とした。やっと市役所と連絡がついたのは三月末。私の高齢を心配してか、「先生、まだ危ないので来ない方がいいです」と言われた。それでも数日後、息子の車に乗せられて寄磯までたどり着いた。

途中、桃浦や荻浜、大谷川などの惨状を目の当たりにして驚いた。集落が消えて、残っているのは、瓦礫だけだからね。寄磯もやられたのだろうと思った。実際、寄磯の浜に下りたら、斜面に立つ家は残っていたが、海岸周辺は見るも無残で、津波の猛威を知らされた。

寄磯は鮫浦湾の東側入り江にあり、明治と昭和の三陸大津波、その後のチリ地震津波は直接この浜を襲うことはなく、被害が少なかった。これは地形的な理由もある。今回はいかに巨大地震と大津波であったかが被災状況を見て分かる。

寄磯浜では約百戸のうち六十戸が被災。犠牲者は八人、行方不明者四人を数える。前網浜は二十三戸のうち十八戸が被災し、犠牲者、行方不明者がいずれも二人だった。

被災地の境界線はっきりと

私は診療所を訪ねる前に漁港とその周辺にあった元の集落の場所に立ち寄った。高台から狭くて急な坂道を下らなければならない。港は地盤沈下し、住宅は全く残っていなかった。陸側に目を向けると急な斜面が続き、真上を見上げるような姿勢になってしまう。平地との高低差がかなり大きいことが一目で分かる。

集落は高台にある熊野神社と寄磯小学校を中心に広がっている。富永さんが指摘する通り、斜面に張り付くように立っている建物は被災を免れ、海岸沿いの平地に立っていた建物は全て流失したり、全壊したりした。地形上、津波が押し寄せた場所と、そうでない場所の境界線がはっきり引かれたのが特徴だ。

現在、寄磯と前網の二つの仮設団地には計三十四戸、四十八人が入居。今後、住宅再建方法が課題として待ち受ける。

牡鹿病院から薬取り寄せる

診療所が閉鎖している間、患者は主に牡鹿病院や石巻赤十字病院を利用せざるを得なかった。家族に車で送迎されたり、牡鹿病院へは片道四十分掛けて住民バスを利用したりしていた。診療所の佐々木さんが患者の薬を牡鹿病院から取り寄せる方法も取った。この間、仙台の自宅で待機中の富永さんは気が気でなかったはずだ。「不便な生活を強いられ、患者の健康状態に悪い影響を及ぼさなければと心配した。住民のことを考えると（診療所の管理・運営者である）石巻市役所に診療所を早く再開してほしいと願うしかなかった」と当時の辛い思いを語る。

一一年八月十八日、石巻市の亀山紘市長は記者会見で無医地区解消を目的に仮設寄磯診療所を開設する方針を明らかにした。その方針より二ヵ月余り遅れての開所だったが、その式典には市や市医師会、地元住民ら二十人が出席し、再開を喜び合った。

富永さんは、診療所の開所が決まり、ホッとしていた時期の一一年十月二十一日、岩手医科大

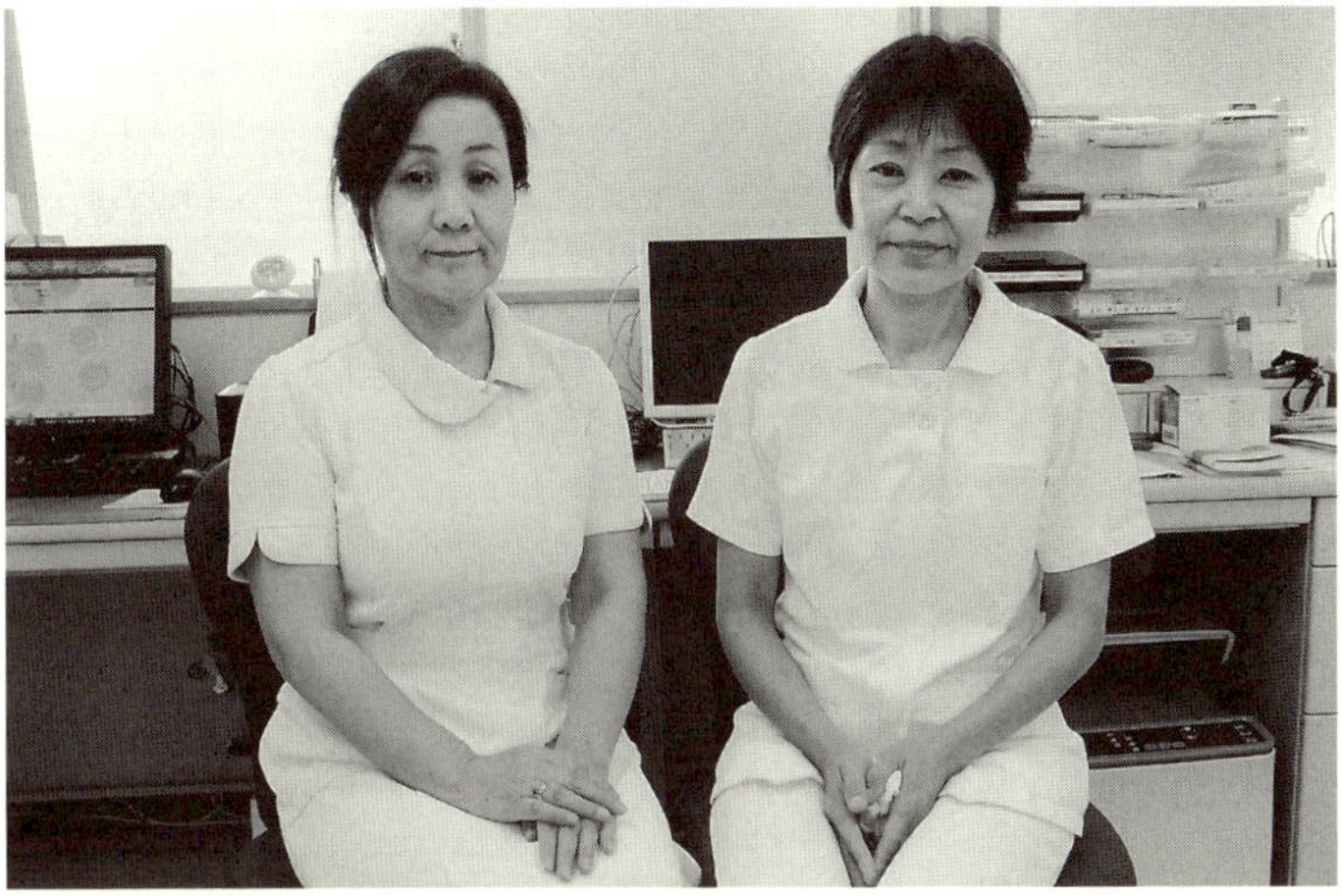

長年、富永さんを支える看護師の佐々木さん（右）と
事務員の荒木さん

学に招かれた。特別講義として「医療とは何か 近代先進病院から僻地医療へ」をテーマに、大勢の医・歯・薬学部の学生や岩手県内各大学の学生を前に熱弁を振るい、まだまだ元気な浜の現役医師であることを証明した。

診察前に集まって談笑

スタッフの一人、佐々木さんは寄磯診療所に勤務して約十年になる。「患者さんたちは健康教育にも耳を傾けており、富永先生を大いに信頼している。高血圧症の人はいるけれど、認知症の人はいない。みんな家族のようなもので、毎日お茶飲み話に興じている。診療所でも先生が出勤する前から集まって談笑している。できれば元の診療所にあった談話室があればいいのだが……」と患者との絆を大事にする。

荒木さんは延べ二十七年間の勤務になる。延べと言うのには訳がある。診療所の事務員は寄磯小学校用務員との交代制を敷いているからだ。現在、診療所には荒木さん、小学校には同じ寄磯浜に住む渡辺咲子さん（55）が働いている。これまで小学校勤務が少なく、診療所勤務がほとんどという荒木さんは、連日、患者の医療事務処理にベテランぶりを発揮している。

なくてはならない憩いの場

診療所を訪れた日、待合室で患者の鈴木清記さん（75）、滋子さん（71）夫婦＝石巻市前網浜字前網＝に出会った。自宅は被災し、一一年九月十二日から仮設住宅に入居しているという。滋子さんは「震災後六日目に避難所から仙台にいる妹の家に世話になったのっしゃ。集団検診や薬をもらうときは（鮎川浜の）牡鹿病院やデイサービスセンター・清優館に車で送られて来たのよ。仮設さ入ってからは診療所の看護師さんを通じて牡鹿病院から薬をもらうようになった。本当に助けられだっちゃ。不便が続いていただけに、診療所が再開したときはうれしかったね。待合室でみんなとしばらくぶりに会ったときは懐かしく思い、生きていて良かったなあとつくづく思ったね。みんなで世間話ができる、なくてはならねえ憩いの場にもなっているんだよ。先生もいい方だし……」と診療所の存在意義を強調する。

清記さんも「年寄りが車で遠くへ行くのは大変だがらな」と気持ちは同じだ。海の仕事はどうなっているのか尋ねた。「主力のホヤ養殖は去年（一一年）十二月に種を取り、準備を始めたけどね。収穫は以前の十分の一ぐらいでないがな」と予想する。

急斜面に張り付くように家々が立っている。その下の平地にも住宅が並んでいたが津波に流され、今は更地になっている。寄磯診療所もこの付近にあった

漁業は支援受けながら前進

漁業の経営体（漁家）数からみた寄磯浜の漁業復興状況（石巻市牡鹿総合支所調べ）は一二年秋現在、ホヤ養殖の場合、震災前が三十四だったのに対し五六パーセントの十九に、ホタテ養殖は十三に対し七〇パーセントの九に回復した。このほか漁船漁業のすくい網・敷き網漁が八八パーセント、イカ釣り漁が八二パーセントの高い回復率を示し、既に漁が行われている。ホヤの養殖期間は基本的に三年周期なので、初出荷は一四年か

ら一五年にかけてを予定している。ホタテは一三年七月を見込む。徐々にではあるが着実に前進している現状に対し、漁師たちは「震災以降、全国から駆け付けた数多くのボランティア団体の支援があったからこそ、ここまで来れたのさ」と口をそろえて感謝する。

もうすっかり浜の一員

富永さんは長年、寄磯浜に住んでいるだけあって、地域事情に詳しい。漁業に話を向けると「ここはね、九十五、六歳の人もいるけれど、半島の他の浜と比べても労働人口の比率が高く、高齢化率が低い。と言うのも、ホヤ・ホタテ養殖やイカ釣り漁などの沿岸漁業が盛んな浜でね。特に目の前の鮫浦湾周辺は透き通るようなきれいな海なので、ホヤやホタテの養殖に適している。恵まれた漁場を擁しているため、若い人の人口流出は少ない。これからもそうあってほしいけどね」。漁業の行方を心配する医師は、もうすっかり寄磯浜の一員だ。

「とにかく大自然の中にいると気持ちが良い。住民は皆、純朴だしね」。いかに診療所を運営していけば住民のためになるのかを第一に考える富永さん。一二年十二月十七日に八十五歳になった医師の僻地医療に対する挑戦はこれからも続く。

宮城県地域医療復興計画　震災後の県内自治体病院などの統合・再編計画が中心。主に気仙沼、石巻、仙台の医療圏における被災施設など計二十件が対象。各市町から集めた情報を基に県が医療圏ごとにまとめた。実施期間は二〇一二～一五年度までの四ヵ年。石巻医療圏に組み込まれている寄磯診療所の再建事業期間は一四～一五年度の二ヵ年。事業予算総額五千万円。このうち医療基金の充当額は四千万円。ただし事業予算は、用地取得費や土地造成費を除いた診療所本体の施設整備費に充てる金額。設置場所、規模などは、市のまちづくりビジョンを考慮しながら検討していく。

やっと船出、カキ発祥の地（荻浜《おぎのはま》）

待望の共同処理場が完成

牡鹿半島の取材を通じてお世話になっていた漁業・豊嶋祐二さん（59）＝石巻市荻浜字家前＝から「やっと共同処理場が完成したので、（二〇一二年）十一月十五日からカキむきができることになったがら」との連絡をもらった。荻浜は万石浦（石巻市、女川町）とともにカキ発祥の地とあって、全国でも有数の産地・牡鹿半島におけるカキの取材は荻浜と決めていた。このため豊嶋さんにはカキの出荷が始まったら教えてもらえるように、以前にお願いしていた。

生食用カキの出荷解禁は県の指針で九月二十九日と決められているが、今季は海水温の高い日が続き、カキの実入りが出荷に適さない状態だったことに加え、荻浜ではカキ共同処理場の再建が遅れたため、収穫が約一ヵ月半後にずれ込んだ。震災の影響で一一年のシーズンは扱えなかったことから、カキが主力産業の荻浜漁民にとって、水揚げが二年ぶりとなる一二年十一月十五日が復興の第一歩となる記念すべき日となった。

カキむきは通常、日曜を除き毎日行われている。浜には連絡を受けた次の日の十六日に出向い

ようやく完成したカキ共同処理場で、2年ぶりにむき身作業をする浜の人たち

た。石巻の中心市街地から約三十分で着くので、半島の最南端・鮎川浜まで要する時間のほぼ半分である。大きな被害を受けた地区だけに、かつての集落には全壊したままの住宅などがポツリポツリと立っているだけだ。荻浜周辺各浜の拠点として石巻市役所の支所や公民館、郵便局、中学校、保育所などがあったが、中学校を除いて仮設の施設で対応している。十三軒あった漁家は十軒に減少した。

解禁から1ヵ月後に再開

各浜のカキ共同処理場は津波で全壊したため、県漁協は一二年、国の災害復旧事業として再建を図った。荻浜では一億一千五百万円の費用を充てて工事が進められたが、今季の出荷解禁日に決められていた十月十五日には間に合わなかった。十一月に入ってから建屋が完成し、解禁からちょうど一ヵ月後に待望の出荷体制が整った。

荻浜港に着いてすぐ、岸壁に新築されたばかりの真新しいカキ共同処理場へ入ってみた。設備の整った処理場では男女二十七人でむき身作業を続けており、二年ぶりに地元で取れる生カキに触れられる喜びに浸りながら、素早くさばいていた。奥の一角で豊嶋さんと妻の恵美子さん(53)、長男の純さん(32)の家族三人がむき方をしていた。恵美子さんは第二章で紹介した女性起業家グループ「JEEN《ジーン》」の一員として登場してもらった人で、荻浜で再会して初めて豊嶋さんの奥さんと知り、びっくりした。

豊嶋さんは「わが家では忙しいときだと、手伝いとしてもう一人、二人加わる。震災前の盛んなときは浜全体で四十人ぐらいでやっていたがらね」と語る。今季の養殖作業については「本来なら二年サイクルで行うのだが、昨年、津波で残った種を集めて一年物として今季の水揚げに間に合わせた。半島の各浜はみな同じと思うよ。渡波周辺は一年サイクルなのよ。そちらの方は北上川河口から近く、プランクトンが多量なので成長が早いがらね」とカキむきの手を休めることなく、教えてくれた。

高い水温と雨不足が影響

作業をしながら初日(十五日)の水揚げ実績を教えてくれた。「おれのところで五十キロぐらい。浜全部では三百キロ近い量だった。（初日の）入札価格は十キロ当たり一万七千円弱で、まあまあといった感じだね」と安堵する一方で、「量が少ないがらねえ。それに粒は例年通りだけど、実がもう少しなんだ。これは長引いた残暑による高い海水温と雨不足が原因なのは明らかだよ」と懸念事項も抱える。しかし「寒くなるにつれて実入りも回復していくと思うよ。震災以降の養殖場は密植状態でないしね」と今後に期待を寄せていた。

収穫作業の漁船は借り物

朝七時から続けていたというカキむき作業を終えた豊嶋さんと純さん親子は水揚げを行うため、午後二時三十分、港に係留していた漁船に乗り込み、養殖場へ向かった。それに同行させてもらった。船は四・七トンの「第88海王丸」。豊嶋さんは震災前に一〇トン、四トン、船外機（一トン）を合わせて三隻所有していたが、いずれも流失した。その後、船外機は新たに手に入れたが、カキの収穫用としては小さすぎて使用できないため、同じ半島にある大原浜の親戚から「海王丸」を借りて使用している。「一番大きな一〇トン級の船は正月ごろには準備できるはずだ」と心待ちにしていた。

養殖場は荻浜の沖合。昼間晴れていた天候は次第に曇り空となったが、十一月半ばにしてはそれほど寒くはなく、海面も穏やかな、いわゆる凪《なぎ》状態であった。出港して間もなく、海面から少しだけ浮いた形の防波堤が見えた。地震と津波の破壊力を物語る光景だ。船のスピードを徐々に上げ、十分ほどで目的地に着いた。北側には隣の浜の侍浜と月浦、南側には牧浜と竹浜、そして西側には遠く石巻工業港や東松島市方面まで視界が広がる眺望であった。市街地には一直線で行くことができる船の方が早いのではと聞くと「いや、やっぱり車の方が早いさ」という豊嶋さんの返答であった。

息もぴったりの親子漁師

早速、養殖いかだから引き揚げる作業が始まった。主に豊嶋さんがロープに付いている実の入った殻ガキを海中から揚げ、洗浄する機械に次々に入れていく。「ガーガー」という大きな音を立てながら機械から出てくる殻ガキを純さんが万丈《ばんじょう》かごといわれる容器に入れ、さらに大きな集積かごに急ぎ足で運んでいた。作業はその繰り返しで、集積場は瞬く間にいっぱいになった。交代で純さんがロープを揚げるときもあり、豊嶋さんから「もっと力を入れろ」という大きな声が何度か飛んだ。純さんは一二年五月に漁業に就いたばかりの漁師一年生。カキ処理場でも船上でも先生役である父親の厳しい現場指導を受けながら懸命に取り組んでいた。その姿には早く技術を習得しようという姿勢が感じ取れる。コンビを組んだばかりにしては、呼吸がしっかりと合っていた。そうでなければできない仕事だと、つくづく感じた。

収穫作業を終えて帰港する豊嶋さんの船。カキは船上に集積したほか、網にも入れて運ばれる。船を掃除しているのは長男の純さん

荻浜方式といわれるカキ養殖法は、長さ二百二十メートルのロープを折り返した百十メートルをいかだ一台とし、それに浮き樽と三百五十本の下げ綱を付け、それぞれに三十枚の原盤を挟んで海中に垂らす。この日は一時間ほどで作業を切り上げ、帰途に就いた。船の操縦は往路が息子、復路は父親が担った。純さんは小型船舶操縦士一級の免許を取ってまだ日が浅いというが、操船の手さばきは上々と見た。若いだけあって覚えが早いのだろう。

船は、カキを揚げる際に船からこぼれ落ちたものを海中で拾った網かごを高く吊るしたまま航行。その網の中にも殻ガキが大量に入っていた。帰港してからは、翌日むくために浄化槽に入れて処理場に保管された。豊嶋さんにこの日の量と今季の見通しを聞くと、「きょうは四十キロぐらいかなあ。入札価格に期待したいねえ。ウチの場合、シーズンを通して一・三トンぐらいあるが、今回はその三分の一いけばいい方じゃない。風で落下したものも多いがらね」と答えた。海中のカキも風の影響を受けるのかと、最初は不思議に思ったが、言われれば確かに、いかだが揺れればそうなるわけだ。

水揚げ岸壁は少しずつではあるが、整備が進んでいた。延長約七百メートルに及ぶこの港の位置付けは漁港ではなく、県管理の「*荻浜港湾」という名称が付けられている。県石巻港湾事務所によると、荻浜港は全壊し岸壁が一メートル余り沈下。一一年五月に始まった全面復旧工事は、一三年十二月末の完成を目標に進められている。

被災住宅は54戸のうち53戸

豊嶋さんにはカキの収穫が始まる三ヵ月ほど前の八月十六日にも、入居する地区内の仮設住宅で会って、被災状況などについて事前に話を聞いていた。七年前、海岸に近い県道2号（石巻鮎川線）沿いに設けた三階建ての自宅が全壊したため、地区内の仮設住宅に入ったという。その後の台風15号（一一年九月二十一日）では、脇を流れる小川が氾濫し仮設住宅周辺が冠水。自宅に戻り住民を三階に一晩避難させたという。大事には至らなかったものの、何のための仮設住宅なのかと疑問に思った。

豊嶋さんは、宮城水産高校を卒業後、十八歳で日本捕鯨の船に甲板員として乗り組み、北洋や南米海域などで捕鯨の仕事に携わった。しかし、父親の故・利夫さんが体調を崩したため、五年後には家の漁業を継ぐことになった。「兄である長男が会社勤めをしていたので、二男の私に『手伝ってくれや』と白羽の矢が立ったのさ」と振り返る。県漁協石巻地区支所荻浜支部の前支部長で、震災二ヵ月後の一一年五月に荻浜区長に就き、震災処理に当たっている。同石巻地区支所は田代島を含む七支部から成る大きな漁協組織である。

震災による荻浜の状況は、五十四戸のうち被災しなかったのが高台の一戸だけ。男性の高齢者二人が犠牲となった。現在、地区内の仮設住宅へ入居したのは十四戸、二十八人。このうち十二戸と、ほかの地区にある仮設で生活している四戸を合わせて十六戸が荻浜字横浜山に計画されている高台集団移転を希望している。

いかだの数は例年の半分

震災後、その年の十月まで八ヵ月近くは漁業が全くできなかった。「荻浜の漁師はカキのほか、コウナゴやアナゴ、刺し網などの漁も兼ねていたけど、何もやれなかった。何せ船がほとんどないんだがら。それでも生活が大変なので十一月から（一二年）三月まで初の試みとしてワカメ養殖を十人が共同で手掛けた。これが震災後の初仕事になったわけだ。そのときは残っていた船と義援金で購入した船を使った。義援金は私が長野へ行って震災の講演をしたときの謝礼のお金もあるんだよ」と長い間、漁師が漁に携われない当時の苦労を語る。
豊嶋さんに漁業経営で重要な位置を占めるカキ養殖の主な年間スケジュール（震災前）をはじめ養殖全般について説明してもらった。

六月に種付け、七月に共同作業によって湾内からいかだの沖出し、七、八月で種の採苗、九月から翌年三月まで生出し（収穫、出荷）。二年サイクルの中で一年目が荻浜湾内で種付けをして、二年目に沖合に出し収穫する。この間、いかだの点検などがあるため、養殖には一年中かかわらなければいけない。沖合の養殖場は浜ごとに区域設定されており、生産量は牡鹿半島西部で県内の六、七割を占める。

むいたカキは県漁協で入札にかけた後、仲買業者が買い取り、加工場から主に量販店などに出荷。半島を中心とした石巻のカキは実入りが良いので、一般的に他地区よりも十キロ単位で千円ぐらいは高い。荻浜では震災前だと平均一万二千円から一万三千円程度になった。いかだの数は、震災が影響している今季は特例として、一軒当たり半分の四台に減らした。来季分は六、七台入っている。震災前は一軒当たり八台を限度としていた。いずれそれに向け回復させていきたい。

震災のあった一一年のシーズンには、被災の少なかった漁協で出荷したところ風評被害などで安値となったほか、出荷時期が例年より遅かったので量販店には既に広島や三重産などが入り、宮城産は苦戦を強いられたという。今季はそのような事態を避けたい。

再建費用で重い個人負担

震災による被災で個人に掛かる負担は重いという。漁業被害については「カキ処理場の再建費は国から出るが、個人負担もあって、それが漁師十人で二千四百万円だから一人二百四十万円。このほかに船やリフトなどの各漁業資材を合わせると二千万円にもなる。船はリースで手に入れ、処理場は十四年の耐用年数とされているので十四年で払えばいいんだが、漁師の数も今後どうなるか分からないので三～五年ぐらいで終えたい。一〇年のチリ津波でもいかだが被害に遭い、復旧したらまた今回の津波だ」と頭を抱える豊嶋さん。「組合のセーフティーネットによる無利子制度などを利用して、資金計画を立てていく」と説明し、そのうえで「われわれは陸に上がってはカッパと同様だ。水揚げしていかないことには収入が途絶えてしまうので、前を向いて進むしかないさ」と語る。

重い負担は漁業だけではなかった。「住宅は高台移転を希望しているが現在、自宅のローンを支払っている最中だ。高台だってどうなるか分からない。それへの利子補給はあると聞いたが、借金すれば当然返さないといけないし、大変なことなんだよ」と表情は重い。全壊した家は解体しないままでいる。新築してそこに住んだ期間は六年弱にすぎない。「改修してまた住んでもいいんだが、大津波はいつ来るか分からない。子孫のことや区長という立場から高台計画に参加しないといけないと思っている。残った家は納屋にでも使うさ」と今後の計画について話す。

自宅は以前、高い場所に立っていた。足の不自由な母親の故・サダ子さんのために平地に土地を求めたという。その母親は石巻市渡波のデイサービスで被災した。当時、豊嶋さん夫婦は仙台にいたため石巻に帰れず、そのまま離れて生活していた。サダ子さんは薬が切れて体調を崩し、五日後に危篤状態となり病院へ運ばれたが、三月二十五日に亡くなった。八十九歳であった。「返す返すも残念だ」と母親思いの豊嶋さんは悔しがる。

思いがけない後継者表明

明るい話題もあった。「後継者はあきらめていたところ、震災後、長男の純が『おっとう（父）が大変だろうから、おれもやるよ』と言ってきた。そんとき、涙が出るほどうれしかったね」と息子の思いもよらなかった後継者表明を笑顔で話してくれた。純さんは石巻高校から大学に入り、中退して石巻市内で塾の講師を務めていた。今も漁業の合間を縫って荻浜中学校三年生三人に勉強を教えている、漁師兼先生の好青年である。「わが家には大学二年になる三男もいる。大学に入れると経済的に大変だが、本人が勉強したいというから、親として応援しないとな。その意味でも仕事が正常に戻らないといけないんだよ」と教育に重きを置く父親でもある。

荻浜にはこれまで後継者難がなかったという。「働けば安定した生活ができたがらね。浜で私は年齢が高い方だよ。仮設に残っている人の平均年齢は七十五、六歳だが、街の仮設から通っている人は三十代、四十代が多い。高校生のときから跡を継ぐと言っている家もある」と状況を説明する。

漁業の魅力について「一回やるとやめられない面もあると思うよ。例えばコウナゴ漁なんて一日で百万円、二百万円稼ぐときもあれば、ゼロの日もある。何百万、何十万取るからいいんだよ。一方でカキ養殖は安定した仕事といえるのかなあ。将来どうなるかは別にしてね」と力を込めて語る。

この日も豊嶋さんは取材に応じてくれた後、船で養殖場に案内してくれた。この時期、岸壁はまだ仮のかさ上げで対応しており、至る所で冠水している所が目に付いた。暑い日が照り付ける中、湾内の養殖場でカキの成育状況を見た豊嶋さんは「今のところはまずまずだな。予定通りの収穫ができるかも」と二年ぶりの出荷に期待を掛けた。しかし、その後、長引く高温と、処理場の建設遅れで、一連の作業が十一月十五日まで大幅にずれ込むことは予想していなかった。

コウナゴ漁に活路求める

荻浜でカキの収穫ができない間、漁船漁業に活路を見いだそうとした人もいた。漁業・渡辺悟さん（49）＝石巻市荻浜字荻浜＝で、渡辺さんは県漁協石巻地区支所荻浜支部長を務めている。自宅は豊嶋さんと同様に、全壊したものの残ったので、解体せずに一部修理を施し、納屋などとして使っている。うだるような暑い日であったので、その建物内で取材をさせてもらった。扉の開いた一階と二階の所から時折吹いてくる潮風がさわやかに感じた。傍を通る県道2号からは車の音が聞こえる。車の往来は予想以上に激しかった。

渡辺さんは主力のカキのほかに、四月と五月はコウナゴ漁、七月から九月まではアナゴ漁に力を注いできた。春漁のコウナゴ漁は日没から日の出までランプを使った敷き網で行う。漁は一二年に再開させた。「震災前は三人が取り組んでいた。震災後、船を持っているのはウチだけなので、ウチの一隻に仲間の四、五人が乗船し、その人たちには水揚げ額に対する歩合制で支払った」という。漁場は主に仙台湾だが、女川沖まで延ばした。「スタートは良かったけど、五月の連休明けごろから漁模様が変わり、漁獲が少なくなったので漁場を遠くへ移動せざるを得なかった。コウナゴは収入に変動があるし、漁期が二ヵ月間しかないので、漁全体から見た割合は少ないのさ。でもやらないと食っていけなかったし、しかも同じ春漁のメロウドやイサダは（原発事故により）自粛規制が敷かれたがらね」と苦しい胸の内を明かしてくれた。

例年なら出漁は荻浜港からだが、当時はまだ岸壁に船を着けられないほどの損壊状態だったため、石巻漁港から出て石巻漁港に水揚げ、朝六時ごろ魚市場で入札して買い付けされた後、関連業者に出荷した。コウナゴは小魚で、つくだ煮のほか、生でも食されている。浜で天日干ししているのもよく見られる光景である。

路頭に迷わせるわけには……

渡辺さんは震災時、船を沖出ししている際に津波で転覆しそうになり、九死に一生を得た。所有していた船は九・七トン、三・五トン、船外機の一・二トンの三隻。唯一残ったのは沖出しした九・七トンで、修理して今も使用している。「修理は保険や組合を通じての支援に助けられた。もちろん自己負担も大きく、大変ではあったけど……」という。現在は二十キロほど離れた石巻市渡波の仮設住宅を生活の拠点とし、荻浜に通い続けている。

「地域は高齢者、若者、子どもがいて初めて成り立つのかもしれない。だから心配なのが、震災のときに怖い思いをしたり、陸の孤島になったりしたために、住民が浜から流出していくことだね。正直おれも漁師をやめようかと思った。でも家族を路頭に迷わせてしまうので思い直した。幸い船も残ったし、やるしかないと決めた。海が好きで愛着もあるので元気な限りは続けていぐさ」と、海を愛する渡辺さんである。住まいについては「高台移転だってすぐには行われないだろうから、しばらくは渡波の仮設から通ったり、この納屋とか（両親が住む）荻浜の仮設に泊まったりとかしながらの生活を覚悟している。いずれ環境が整わない限りは元の生活には戻らないだろうね」と話してくれた。

カキ共同処理場が完成し出荷が再開してから、渡辺さんもその作業に携わるようになり、久しぶりに忙しい日々が戻った。

夏に荻浜湾で成長具合を確かめる豊嶋さん。出荷できたのはこの３ヵ月後で、予定より大幅に遅れた

一二年十二月七日夕、三陸沖が震源地の地震で、石巻市鮎川浜では一メートルの津波が観測された。養殖場の被害が心配されたので、豊嶋さんに連絡して聞いてみたところ、「八日朝から確認してみたら、被害はなかったよ」と安堵した様子だった。しかし、一呼吸おいて「でもさあ、鈴木さん、この前、復旧のための個人負担が二千

万円と言ったけど、よく調べたら三千万円から四千万円掛かることが分かってさあ。参ったよ」と話した。深刻さがより増していたのだ。

荻浜港湾　港は使用目的によって「港湾」と「漁港」に分類される。港湾の場合はすべて県管理で、石巻港の場合は重要港湾、荻浜は指定港湾。牡鹿半島で荻浜以外の港湾は表浜（指定）だけになる。そのほかの各港は漁港で、規模によって県と市の管理に分けられている。さらにそれぞれの港ごとにランク付けされ、工期などが決められている。荻浜港は一八八一年から一九一七年までの三十六年間、大型船が入る港として脚光を浴びた。当時は海上交通が中心で、日本郵船の横浜・函館間定期航路の寄港地として、輸送関係者や商人、旅行者らでにぎわった。一八九一年に東北本線が全線開通すると輸送の主力は鉄道に移行。一九〇〇年代初めごろから浜は再び昔の漁村に戻っていったが、そうした歴史的な背景もあって県から一九五四年五月二十一日付で港湾に告示された。港湾といっても、現状は本来の目的である貨物船や旅客船の利用はなく、漁港と同様に漁船の出入りと船舶の避難用に使用している。

顕彰碑復元へ沖縄が協力（荻浜《おぎのはま》）

浜のシンボルが無残な形に

荻浜はカキ発祥の地として知られる。荻浜港には、近代のカキ養殖法を開発し「世界のカキ王」と言われた宮城新昌*の顕彰碑が、湾を見守るように建立されていた。しかし、浜の象徴でもあるその顕彰碑は大地震と大津波に襲われて損壊し、無残な形に変わり果ててしまった。地元では「功績を忘れないためにも、復元しなければ」と対策を練っている。

碑はカキ共同処理場や豊嶋祐二さん（59）＝石巻市荻浜字家前＝の自宅からも近い場所に立つ。碑文などによると、水産事業家の宮城は一九一三年、役員を務めていた水産会社があるカナダから帰国後、アメリカへ輸出する種ガキの開発に取り組んだ。適地として選んだのが万石浦であった。二三年、試験いかだなどで実験をしてきた結果、稚貝の付着した貝殻を縄に通し海中に垂下する垂下式養殖法を考案。二七年から同所で大規模な養殖を始めた。三一年には荻浜湾でも、漁業再生事業の一環としてカキ養殖、種ガキの採苗を行うようになった。

宮城の研究をサポートしたのが、いとこの宮城幸助と宮城助次郎で、荻浜ではその二人から養殖技術を学んだ。垂下式養殖法は宮城県だけでなく全国に普及し、石巻からは米国や欧州へカキの輸出が盛んになった。今では世界の食用ガキの八〇～九〇パーセントは石巻がルーツとされている。

七九年、旧荻浜漁協（現宮城県漁協石巻地区支所荻浜支部）などが水産業協同組合法施行三十周年記念事業として、荻浜港に宮城新昌顕彰碑を建立した。二〇一〇年にはその隣に顕彰碑の案内板が設置された。碑文が長いうえ、建立から三十一年が過ぎて読みにくくなったため、石巻知産地賞の会が石巻かきブランド事業化委員会などの支援を受けて設けた。除幕式には、宮城新昌の二女で食生活ジャーナリストの岸朝子さんも駆け付けた。出席者たちはあらためて宮城の功労をたたえながら、案内板の完成を祝った。

記念に残し新たに建立を

石造りの顕彰碑（高さ約三・五メートル、井内《いない》石製）は震災で真っ二つに割れ、上部が倒壊した。案内板は前年に立てたばかりで強く固定されていたためか、幸い壊れずに済んだ。

顕彰碑にかかわってきたのが漁業・伏見眞司さん（61）＝石巻市荻浜字荻浜＝。県漁協石巻地区支所運営委員長の要職を務める伏見さんは「壊れ具合から見て修復はとても無理だ。震災を風化させない意味でも、それをモニュメントとして残し、新たなものを造るしかないと思うがね」と方向付けだけはしている。「ただ、費用は相当掛かることは確かだし、住民にこれ以上負担を掛ける訳にはいかないだろうなあ」と復旧の資金面が課題であることを指摘する。

宮城の古里・沖縄と対策を協議

震災直後、宮城の古里・沖縄県から二つのＮＰＯ法人が荻浜を訪れた。伏見さんは、そのときの様子を教えてくれた。内容は以下の通りである。

二つの団体とも顕彰碑が壊れたということを聞き付け、心配して見に来た。一つは発展途上国の子どもたちの生活を応援している「アジアチャイルドサポート」（沖縄県沖縄市）。もう一つは地元の観光に力を入れている「おおぎみまるごとツーリズム協会」（沖縄県大宜味《おおぎみ》村《そん》）。大宜味村は宮城の出身地であった。顕彰碑を目にして、あらためて因縁を感じたメンバーらは、何とかしなければという思いに駆られた。

両団体とも周辺の瓦礫処理をしたほか、アジアチャイルドサポートは地元の保育所に遊具を贈ったり、地区に軽トラック八台を提供したりした。おおぎみまるごとツーリズム協会は大宜味村役場に損壊した顕彰碑の修復対策を持ち掛けた。

伏見さんは「ＮＰＯ法人には大いに助けられた」と感謝しながら、顕彰碑の今後については

震災で上部から真っ二つに割れ、無残な形になった
宮城新昌の顕彰碑。それを見る県漁協石巻地区支所
荻浜支部長・渡辺さんの表情は深刻だ

「実情を知ってもらった大宜味村役場にＮＰＯ法人も加わり、われわれと対策を話し合う予定でいる。ただし、顕彰碑がある付近の防潮堤は復旧工事中なので、それが直ってからのことになるだろう。管轄する（県石巻）港湾事務所とも協議していかなければならない」という。

前記の豊嶋さんは「養殖場が次第に沖合に出るようになって以降、養殖方法は少しでも時化に耐えられるようにと延縄・ブランコ方式などになったが、宮城新昌さんが開発した垂下式が基本となっており、それが段々と改良されていった訳だよ」と宮城の功績をたたえる。カキの発祥の地を示す顕彰碑は荻浜の誇りなのだ。

顕彰碑の再建運動は、一二年十二月から一三年二月にかけて大宜味村と荻浜地区の双方で新たな動きが出た。十二月、同村の島袋義久村長らを共同代表とする顕彰碑建立推進委員会が設立され、五百万円を目標に募金活動をスタートさせた。一方、二月には荻浜のカキ養殖業者による再建委員会に、石巻市や石巻観光協会、県漁協石巻地区支所などで構成する石巻かきブランド化事業委員会が加わり、行政を含む大きな組織で取り組みことになった。新しい顕彰碑は一三年秋の完成を目指している。

歴史的にも由緒ある浜

荻浜にはもう一つ、忘れてはならない碑が立つ。薄幸の歌人で詩人の石川啄木（一八八六――一九一二年）の歌碑である。浜がまだ定期航路の寄港地になっていた一九〇八年四月二十六日、啄木は北海道から海路上京する途中、荻浜港に短時間立ち寄って、港周辺を歩いたり、地区内にある羽山姫《はざひめ》神社を訪ねたりした。後に啄木は荻浜を回想しながら次の歌を詠んだ。

港町　とろろとなきて輪を描く　鳶《とび》を壓《あつ》せる　潮曇りかな

石巻市教育委員会は一九七六年、啄木生誕九十周年を記念して、この歌碑と案内板を啄木が足を運んだ神社近くに建立した。歌碑は小高い場所にあるため、津波の被害は避けることができた。

このように荻浜は歴史的に由緒ある浜なのだ。一九五五年に石巻市に合併するまでは十二の浜を抱える荻浜村の中心地であった。公共施設がここに集中しているのもそのためなのだろう。

宮城新昌（みやぎ・しんしょう）　一八八四――一九六七年、沖縄県国頭郡《くにがみ》大宜味村《おおぎみそん》出身の水産事業家。日米でカキの養殖法の開発と普及に貢献し「世界のカキ王」の異名を取った。国頭農学校卒。渡米してカキの養殖を学び、カナダで水産会社を興す。帰国後の一九二三年、垂下式カキ養殖法を考案し、石巻市で実用化に成功。種ガキの生産と技術者の養成に尽くした。大宜味村は沖縄本島北部に位置し、人口約三千三百人、面積六三・四四平方キロメートル。長寿県として有名な沖縄県の中でも一番の長寿地区として知られている。糸芭蕉といわれる細い繊維を一本一本紡ぎ、織物に仕立てる芭蕉布が有名だ。

瓦に願い込め寺院再興へ（桃浦《もものうら》）

桃源郷の風景が消える

二〇一二年の初夏に桃浦を通ったとき、県道2号（石巻鮎川線）沿いに、白地に青い字で「瓦に願いを」と書かれた大きな横看板が目に飛び込んできた。何だろうと、いぶかっていたところ、後になって被災した寺の再建にかかわるものであることが分かった。曹洞宗三國山洞仙寺《とうせんじ》という歴史のある寺である。住職の八巻芳栄《よしたか》さん（62）＝石巻市桃浦字寺下＝に、九月四日に取材する約束を取り付けた。八巻さんは石巻商工会議所に勤めていたことがあった。そのとき私は地元新聞社に勤務しており、寺の副住職でもあった八巻さんに随筆を連載してもらい、大変お世話になった。三十年ほど前のことである。

桃浦は牡鹿半島の北部西海岸に位置し、市の中心部から約二十分と近い。漁業従事者の高齢化や後継者難などを理由に沿岸漁業権を民間企業にも開放しようと、村井嘉浩知事が推進する水産業復興特区の導入を表明した浜として、すっかり有名になった。

石巻市渡波から県道2号を南進。万石橋を渡り、幾つかの峠を越え、蛇行しながら下り坂に差し掛かると間もなく眼下に桃浦が見えてくる。桃浦の地名は江戸時代、仙台藩主がその周辺で狩猟に興じた桃源郷に由来する。道路右側の青い海原へ目を向けると素晴らしい眺めだが、海岸沿いに集中していたかつての家並みはすべて消え、土台だけが残る光景は別天地とはとても言い難い。震災前も取材で何度か訪れたことがあるため、当時の浜の様子は知っていた。だからこそ、その変わりように悔しい思いを抱く。

本堂は仮設のプレハブ

八巻さんは市街地の石巻市田道町にある借り上げアパートから寺に通っており、私より先に到着し待っていてくれた。久しぶりに会ったその姿は、まさに住持そのものであった。地区内に仮設住宅の適地が見つからず、六十二戸のうち被災した五十九戸はよその地区に設けられた仮設住宅などへの入居を余儀なくされた。このため大半の人が浜を離れてしまった。八巻さんも街場の石巻市泉町にある親戚宅で過ごした後、今は同市田道町の借り上げアパートで暮らし、勤めがあるときなど不定期に寺に戻るという。

その寺の建物は跡形もなく、仮設のプレハブが仮本堂となっていた。庫裏は残ったが、全壊し全く使えない状態だ。壁の至る所にブルーシートが張られて見るからに痛々しい。仮本堂で話しを聞くことにした。被害状況について八巻さんは「津波の勢いで本堂は柱が折れて倒壊した。屋根だけがそのままストンと落ちた形になり、屋根瓦はほとんどが無傷だった。庫裏は二階天井まで浸水した。お墓は七割ぐらい被災したが、これまで修復されている」と話す。牡鹿半島で被災したお寺は、洞仙寺と谷川浜にある曹洞宗洞福寺《とうふくじ》の二ヵ寺であった。

残った瓦に祈りと誓い

寺の再興は八巻さんにとっても檀家にとっても、さらには地域のコミュニティーとしても大きな命題である。資金のない状況下で八巻さんが悩んだ末に考えた復興計画は、屋根瓦の活用であった。そのアイデアの中身について次のように説明してくれた。

屋根瓦は四千枚あった。その瓦をじっと眺めていたら、瓦が「これからの復興に私を使え」と言っているように見えた。そこで思い付いたのが、瓦解があって復興があるのだから、瓦を復興のキーワードにしようと考え、まだ使えそうな三千枚を選んで保管した。被災者にそっと寄り添いたいと思う人たち、復興を願う人たち、そうした人々に瓦の裏面にメッセージを記してもらう。その際に募った浄財を復興基金としたい。広く協力をいただくためにも額を瓦一枚、一口千円とした。瓦は新築する本堂の屋根に再利用するほか、壊れた瓦は土盛りした法面や建物の外壁にもタイルのように張り付け、思い思いの絵を描いてもらうな

きれいになったまま積まれている屋根瓦。住職の八巻さんは寺に来るたびに保存状態を確認している

ど効果的な使い方をしたい。皆さんの「願い、祈り、誓い」が込められた新しい寺として再建される。

二〇一一年十二月に自ら立ち上げたホームページで呼び掛けを始め、これまで市内外から数十件の協力が寄せられた。メッセージの内容は「早い復興を願う」「一日も早く元の生活に戻るように」などといった被災者ではない人たちからの支援が大半である。八巻さんは「まだまだ少ないので、息長くこの運動を続けていく。寺の再建と併せて震災を風化させない目的もあるので……」と意義を語る。

支援者が1枚1枚選別

寺の整備にはボランティアの力が大きかった。

「震災のあった年の六月、牡鹿半島に来た大阪の団体から『困っていることはないですか』と尋ねられたときに瓦の話を持ち出した。その三ヵ月後に再び訪れてくれ、瓦一枚一枚をはがし、使えるものとそうでないものを選別してもらった。ボランティアの方々は三十人ほどだった。たまたまリフォーム会社の人たちだったこともあり、屋根をふく職人さんも同行してきた」という。タイミングも非常に良かったと言える。

また、災害ボランティア「かたづけびと鶴岡」（鶴岡市）も一一年秋から一二年秋までの一年間に四度も寺に来て、墓地に通じる坂道の補修やコスモスの花壇を設置したり、お盆に入る前日に、野ざらしのお地蔵様に屋根を掛けたりして支援を続けた。八巻さん自身も瓦礫の中から本堂にあった鐘を見つけ、流木を使って屋根を設置、「復興の鐘」と名付け、訪れた人たちがいつでも撞《つ》けるようにした。

機能を本来の創造空間に

八巻さんは本堂の機能を見つめ直したいという。

本堂はなぜ大きいのか知っていますか。そもそもは多くの人が集まるコミュニティー空間であった。それも機能分化が進んだことで、主に宗教空間として使用されている。この際、大きいだけの本堂ではなく、宗教空間とコミュニティー空間の融合による新たな創造空間をつくりたい。

　宗教空間は本堂、位牌堂、座禅堂で、そしてコミュニティー空間は小ホール、ギャラリー、喫茶コーナーでそれぞれ構成する。宗教空間をコミュニティー空間が鞘堂《さやどう》のように覆うイメージを想定している。小ホールは読経やミニコンサートの場とし、できれば音響に配慮したい。全体像は丸い形と四角い形になり、それは（梵語《ぼんご》の）曼荼羅《まんだら》をイメージした。

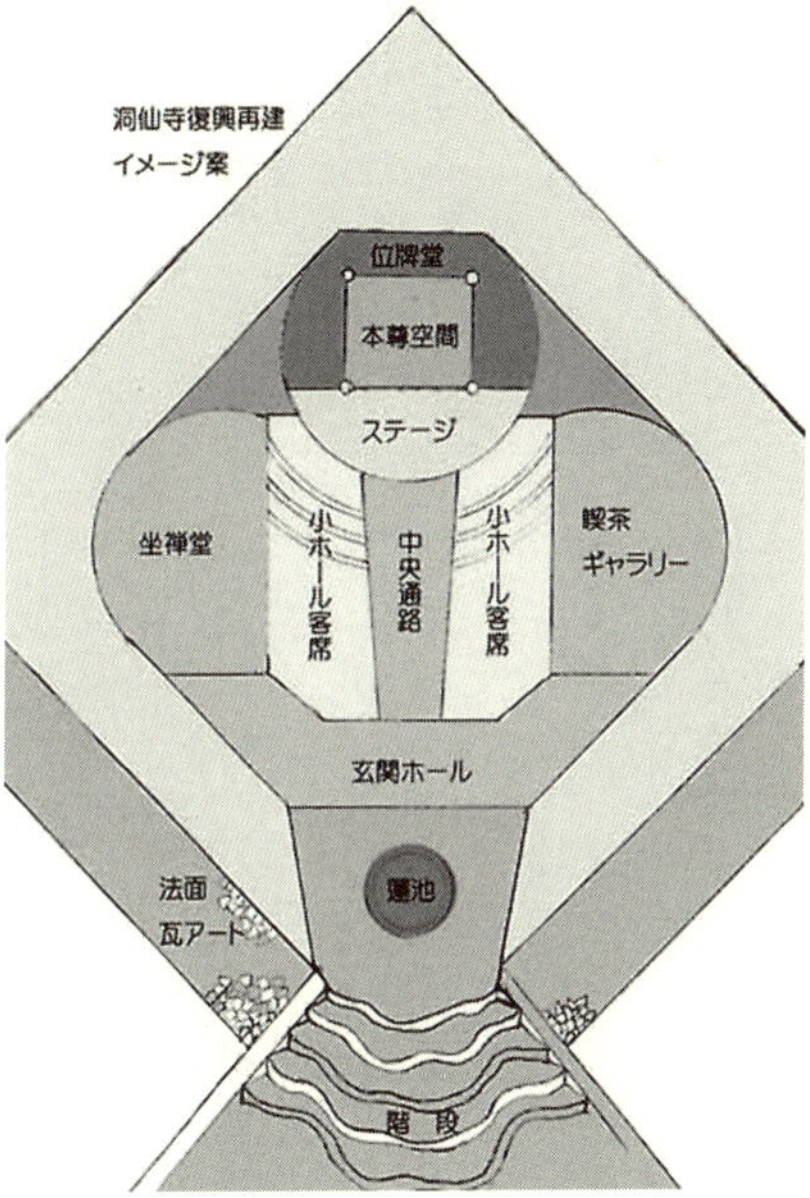

寺の復興再建イメージ図。本堂の喫茶・ギャラリーや屋外の法面アートなどが特徴だ

　石巻地方でもコンサートを開催する寺院は震災前からあったが、さらに斬新な構想を描いている。

津波に強い本堂を建設

　再建へ向けた当面の取り組みについても語ってくれた。「『瓦に願いを』運動が進行中で、しかも檀家がまだ仮設での生活を強いられているため、時期の見通しは付けられない。取りあえずは周辺の土地整備などをしたうえで、プレハブの仮本堂を震災前にあった本堂の場所に移す。幾らかでも本堂らしく見せるために、屋根に瓦を付けたい」と。さらに「庫裏はまだ築五年だった。もったいないことをした。その場所は災害危険区域というので、今後は住居を目的とした建物として使えない。集会所的な施設として残し、われわれ家族は、集団移転事業で整備される高台に住むことを考えている」という。

　寺の再建場所は現在地にせざるを得ないのは容易に想像できた。「高台に、寺として必要な六百坪（千九百八十平方メートル）以上の土地を求めることは困難であり、何よりも墓地を残しての移転には非常に違和感を覚える」と話したうえで、「これまでと同じ場所に、土盛りで高くして建てる以外に方法はない。以前の本堂は木造の大きな建物だったが、今は、津波に強いとされる鉄骨鉄筋、コンクリート製をイメージしている」と計画を披歴した。

思考能力失い言葉も涙も出ず

　震災時、八巻さんは妻の満喜子さん（60）と仙台市にいたという。桃浦に帰るまでと、帰った直後の行動について振り返ってもらった。

　ラジオで鮎川が津波三十センチと繰り返し放送していたので、大丈夫と思った。それ以降、石

プレハブの仮本堂。今もここで寺の勤めが営まれている

巻や半島の情報が入らなくなった。翌日、車で戻り、桃浦の民宿を兼ねたドライブインに寄ったとき、避難していた人から『お寺、ねーよ』と言われたが、よく理解できなかった。

集落が見える小高い道路から確認したところ、庫裏もあったし、本堂の屋根も見えた。近付いて初めて被害の大きさを知った。動転したとか、大変になったとか、悲しいとかというよりも、思考能力をなくし言葉も見つからず、涙も出なかった。何かしら覚悟したのだと思う。屋根瓦の多くが壊れていなかったことだけは不思議に思った。

話からショックの大きさが伝わってきた。瓦との因縁をも感じさせられた。

桃浦に襲来した津波の高さは約十三メートル《メートル》。寺は一次避難場所の一つに指定されていた。「付近のおばあさんたち五、六人が寺に駆け込んだが、私たちがいなかったため、区長さんの車で荻浜小学校へ移動し、助かったということを後で知らされた。留守にしていたことが幸いした」という出来事も教えてくれた。桃浦に限らず、各地区で大津波では指定避難場所が全く役立たなかったことも震災の教訓に挙げられている。

震災前、六十二戸、約百六十人が住んでいた桃浦は、戸数、人口からみた場合、荻浜地区では一番大きな浜であった。漁業施設だけでなく住宅も海岸沿いの平地に張り付いていたことから、甚大な被害を招いた。五十代から八十代までの六人が犠牲になった。

洞仙寺の本堂が崩れた状態の中で供養はどのようにして行ったのだろうか。「三ヵ月後の一一年六月に敷地内に仮本堂を設けることができたため、そこで合同慰霊祭を営んだ。盆供養は、一一年には地区ごとに墓地で、一二年は仮本堂で行い、本堂に入ることが可能な三十人ずつに分けて開いた」

政宗の植林事業は3世の提言

檀家は百八十軒を数える。地区別に見ると桃浦と、隣接する月浦、侍浜が全戸、荻浜が七戸のほか、女川町野々浜の八割が檀家。震災前から檀家の三分の一は、市街地などへの転出により墓

震災前、在りし日の洞仙寺本堂。地区住民のよりどころでもあった

だけが浜にあるという。

「檀家数は少ない」と言うが、牡鹿半島最古の寺として知られている。八巻さんにその歴史について紹介してもらった。

三陸海岸最南端の太平洋に突き出ている牡鹿半島は、古くから宗教活動の拠点が置かれ、同半島の最高峰・大六天山はその中心であった。標高四四〇《メートル》の山に八八五年（仁和《にんな》元年）に天台宗の流れとみられる「大六天山三國寺」が創建された。今から千百二十八年も前のことだ。その後、山火事で焼失し廃寺になり、次いで七合目に「天台宗梵ヶ寺《ぼんがでら》」ができたが、それも廃寺となった。梵ヶ寺を曹洞宗に改宗して同じ場所に創建されたのが五百五十五年前の一四五八年（長禄《ちょうろく》二年）で、在智良孝によって「曹洞宗三國山洞仙寺」が開山された。現在地に移築されたのは一九三三年になる。

曹洞宗三國山洞仙寺が開山されてから、住職（八巻さん）は三十四世に当たる。最初の大六天山三國寺から数えて寺の建物は四つ目、場所は三ヵ所目と変遷をたどった。

大六天山へ登るルートは桃浦、女川町の浦宿と野々浜の三つあり、その裾野にはいずれも集落がある（洞仙寺の檀家に、なぜ山を越えた反対側に位置する野々浜の家が多いのかという謎がこれで解けた）。大六天山三國寺は三國神社として残されている。

洞仙寺三世の喜安良悦は伊達政宗と親交があった。政宗は軍事演習を兼ねて鹿や鷹、狐などの狩りのため半島を何度か訪れている。良悦和尚は政宗に、国を富ませるためにはスギの植林を進めるべし——と説き、政宗は植林事業を推進した。仙台藩は山林の伐採を厳しく規制し、山林奉行を設けたほど。青葉山のほか現在の県内における神社仏閣のロケーションや、仙台が杜の都と呼ばれる由来もそこから始まったとされる。また、日光街道のスギ並木も政宗が植樹させたと言われている。寛永時代、洞仙寺は植林事業の功績で二代藩主忠宗から「仙人図」を拝領したが、今回の震災で流失してしまった。

政宗の命を受けて支倉常長一行が桃浦から近い月浦から慶長遣欧使節船サン・ファン・バウティスタを出帆させたのが、ちょうど四百年前の一六一三年。政宗が半島に足を運んでいたときと時代が一致する。その意味では洞仙寺もその大事業に間接的にかかわったことになるかもしれない。なお、政宗が訪れた際に宿泊した家が桃浦と小積浜にあり、その二軒とも「仮屋」の屋号で残っていた。家臣は洞仙寺に宿泊したとされる。これらの建物はいずれも津波によって流されたり損壊したりした。

洞仙寺にはもう一つ、歴史的な話がある。幕末に榎本武揚の艦隊で航海士を務め、その名をとどろかせたという*中井初次郎の墓があることはあまり知られていない。幸い、その墓は高い所に立っているため、津波の被害は免れた。寺に残されていた初次郎の過去帳も震災後、寺の敷地内で瓦礫の中から見つかった。水に漬かっていたが、字は読める状態であった。

奇跡の瓦、過去帳、イチョウ

最後に震災に対して思うことを聞いた。「正直、今でも大きな形ではつかめていない。瓦の運動も途上なので、気持ちもまとまらない」と言葉を飾らずに淡々と語る。しかし、震災対策の話になると「今回、考えさせられたのは、津波から命を守るためには逃げる以外にないということ。堤防を高くしても効果はあるのだろうか。もう海岸近くに住む人はいない。先日、地区の会議で六・八メートルの高さにするという行政が示した計画に反対した。漁業関連の作業小屋や資材を守るというのが高くする理由の一つのようだが、莫大な費用を掛けてまでそうする必要があるかどうか……」と疑問を抱く。

取材が終わった後、仮本堂の建物脇に積まれていた瓦を見せてもらった。確かに損壊はしておらず、再利用は可能であることが分かった。その傍には大きく育ったイチョウが生き延びていた。「今は実を付けなくなったが、秋のシーズンには金色に輝く黄葉が見られる。復興の道しるべになってくれればと祈らずにはいられない」と八巻さんは高い樹木を見上げながら話す。

瓦と同様に奇跡的に生き延びたイチョウ。奥の建物は庫裏

洞仙寺には奇跡的に瓦、過去帳、イチョウが残った。その一つ、「瓦に願いを」の運動は地道に継続されることを望みたい。

八巻さんによると、瓦へのメッセージ記入は代筆も可能。洞仙寺がストックしている以外の瓦に記入して持参か送付してもらっても構わない。浄財の振り込み方法などを含めて詳細については、インターネットで「瓦に願いを」で検索すると分かるようになっている。

中井初次郎（なかい・はつじろう）　一八三四——一八六八年、讃岐国塩飽諸島（香川県丸亀市）の出身。航海術に優れ、その功績で苗字・帯刀を許された。明治維新による新政府に反発して北海道に逃れた榎本武揚の艦隊「開陽丸」に航海士として乗り組む。その途中、折浜に停泊し艦上視察中に病死した。三十五歳の若さだった。一八六八年（慶応四年）十月六日、近くの洞仙寺に葬られた。明治に改元される同年十月二十三日の、その十七日前の葬儀であった。葬儀には土方歳三も参列し、同寺ではそれまで見たこともない盛大なものだったという。過去帳には、法名『賢孝院儀融良傳居士』、讃州広島産開陽艦徳川御人数の内、折浜にて病死當寺にて弔う——と記されている。山中にあった墓は一九六七年、現在地に移され、折浜を向いた格好で立っている。

地域の存続　復興特区に託す（桃浦《もものうら》）

40人いた漁師が16人に

震災以降、桃浦では浜の存続問題でも岐路に立たされていた。かつて、カツオやマグロなどの遠洋漁業に取り組む漁師が大半を占めていた桃浦は、二百カイリ規制や減船問題など次々と押し寄せる漁獲規制の荒波に加え、高齢化と後継者難で一九七〇年代には主力をカキ養殖に転換した。それでも漁業者離れは進み、約四十人いた漁師が震災前には十九人に、さらに震災後は十六人に減少した。その人たちの中に廃業を考えた漁師もいたが、桃浦の集落消滅につながるとして、漁業の継続と集落の存続を、県が進めていた水産業復興特区に託した。県漁協はこの特区に対し「復旧途上の浜に混乱をもたらす」「事業が失敗すれば民間企業は撤退し、残された浜はすさんでしまう」などと反対の姿勢を崩していない。

他地区の若者が入社希望

同特区の受け皿となる桃浦かき生産者合同会社*の社員で、県漁協石巻地区支所桃浦支部の前副支部長・後藤嘉男さん（72）に特区と合同会社について説明してもらった。後藤さんは桃浦字向にあった自宅を流され、仮設住宅で生活した後、石巻市渡波地区の新成に家を新築したという。

水産業復興特区は三陸沿岸の漁業再生を目的に、養殖業に民間資本を導入しようと、漁協が持っている漁業権を法人・企業にも開放する制度。法人・企業は地元漁業者が民間資本により設立した法人か地元漁業者を社員とする民間企業とし、参加する漁業者は新会社から給料を受け取る。一二年八月三十日、漁業者十五人で桃浦かき生産者合同会社を設立。十月五日には水産卸業「仙台水産」（仙台市）が約四百五十万円を出資、漁業者一人三十万円を出した金額を合わせて資本金九百万円とし、生産から加工・販売までを担う六次産業を目指す会社をスタートさせた。

役員、社員など会社の体制は整ったが、カキの収穫について今季は、まだ実入りが良くないことや、カキ共同処理場の完成が遅れたことで、事実上の業務は一三年からになる。会社設立とは別に、県の助成対象となる特区は国が県の申請を受け、認可されて初めてスタートする。村井嘉浩宮城県知事は当初、一二年内に申請を予定していたが、県漁協との合意形成に時間を掛ける必要があると考えたためか、越年もあり得るという考えを示した。

後藤さんの思いについても聞いてみた。「われわれ漁師の平均年齢は六十五歳前後になるかなあ。後継者がいない中、一人では復興できないので、まとまってやるしかないよ。復旧事業というよりも新規事業としてとらえている。事務所のほか、これからは加工場なども造らないといけないかも。いずれ新たにカキ養殖を希望する若者が入るような会社になればいいいんだよね。現に早くも石巻市蛇田の三十歳になる漁業未経験者と、ほかの浜の若い漁業経験者の男性二人が入社を希望してきたがらね」と期待する。

黒字経営は3年後か

後藤さんによると、震災前まで浜に十九隻あった漁船のうち、津波の襲来前に沖出しした五隻が難を逃れ、その後新たに一隻を補助金の活用で購入した。合同会社設立後の一二年九月五日、十人の社員が三隻の船に分乗し、桃浦湾沖でカキの成長ぶりを確認する作業に取り組んだ。事実上、これが会社の初仕事になった。震災のあった年に、瓦礫の中からカキの種を含む養殖用の各資材を集め、秋には十八台、一二年春には二十三台のカキ棚をそれぞれ吊るした。年が明けた一三年の初めには収穫が可能とみている。「カキ棚は順次増やしていき、本来の姿に戻すが、三年経たないと黒字は無理がもな」と予測する。そのときがカキ養殖の六次産業化が軌道に乗る時期となりそうである。

桃浦は震災前から人口流出が顕著であった。浜が市街地に近いことが逆に災いしたとも言える。加えて震災後、桃浦には地形的な条件もあって仮設住宅が設けられなかったことから、住民は他地区の仮設住宅などに入らざるを得なかった。このため一層、人っ気がない寂しい浜となってしまった。桃浦の高台移転希望は当初、二十軒あったが、今は半分の十軒に減ってしまった。今後さらに少なくなる可能性がある。合同会社の社員も多くが市街地やほかの浜から通勤することになるのだろうか。

洞仙寺《とうせんじ》住職の八巻芳栄《よしたか》さん（62）＝石巻市桃浦字寺下＝は、檀家でもある漁師たちが受け入れた特区と新会社について「浜をなくさないためにも制度には大賛成であり、新しい試みに敬意を表したいくらい」と声援を送る。

むき身の出荷施設が完成

一二年十一月十六日、荻浜での取材から帰る途中、建設中の桃浦カキ共同処理場に立ち寄ってみた。合同会社が収穫したカキをむいて出荷する舞台となる重要な施設だ。そこで偶然に私の古里である登米市津山町にある島津電業の事業主・島津紀明さん（48）と久しぶりに会った。処理場で電気工事の仕事をしていたのだ。自宅が近かっただけに、私の顔を覚えており声掛けしてくれたのだ。「もう建設工事は終わるようだよ」と教えてもらったが、内陸部の登米市から石巻市

新築されたばかりの桃浦カキ共同処理場の外観。ここから合同会社の養殖ガキが出荷される

の半島方面まで来て仕事をしていたことに少々驚いた。「元請けから、この辺りに幾つもある処理場の電気工事を任されてねえ。半面、地元の仕事が疎かになって、困っている面もあるんだよね」と仕事が追い付かない状態に嘆いてもいた。

八巻さんが震災時、仙台から戻る途中に立ち寄った桃浦の店は「くじら料理の民宿瑞幸」。地盤沈下や法面の崩壊で被害を受けた。飲食部門はだいぶ前に、民宿業も一二年夏までに再開していたが、荻浜を訪れた前日の十一月十五日には復旧・リニューアル工事がすべて終了したという。

合同会社　日本で現行の会社法に基づき設立できる四種類（株式会社、合同会社、合名会社、合資会社）の会社形態の一つ。この会社法は二〇〇六年五月一日に施行された。合同会社は「有限責任」「定款自治」を特徴とする。有限責任とは社員（出資者）が出資額までしか責任を負わなくてもよいということ。有限責任しか負わないことにより、社員個人は合同会社の債務についての責任は負わない。定款自治は出資額によらず利益配分や権限などを決めることができるというもの。従来の商法ではこのスタイルの会社は設立することができなかったが、アメリカのＬＬＣ（Limited Liabilty Company）を倣って新しく施行された。株式会社と比べると会社運営の自由度が高いことがメリットとされ、近年、この会社形態が増加している。半面、重要決議などは出資者全員の同意が原則なので、意見がまとまらないというデメリットもあるとされる。会社法の制定に伴い、有限会社法は廃止された。

備え怠らない防災女性部（小竹浜《こだけはま》）

孤立解消へ携帯衛星電話

石巻市役所が牡鹿半島西側の付け根に近い小竹浜に携帯衛星電話を配布するという話を聞き、会場の小竹浜コミュニティーセンターへ出掛けた。二〇一二年七月二十六日のことであった。震災直後、小竹浜が「奇跡の避難所」として防災関係者から注目されたことも、訪問する強い動機となった。

小竹浜へのルートは本来、渡波の街から半島西側の付け根に位置する佐須浜経由が最短距離だ。しかし、小竹浜・佐須浜間の市道が一一年三月十一日に起きた大地震によるがけ崩れで通行止めとなっているため、県道2号（石巻鮎川線）を南進し風越トンネルを抜けて間もなく右折、蛤浜と折浜を迂回しなければならなかった。渡波から佐須浜経由だと十五分ぐらいで行けるのに対し、今回はその倍の時間を要した。

途中、山あいの細い道路で突然、大きな鹿が群れを成して走りながら車の前を横切って行き、ひやりとさせられた。五、六頭はいたと思う。半島では道路の至る所に「鹿の飛び出しに注意」

牡鹿半島を取材中、数ヵ所で鹿と遭遇した。カメラを向けてもジッとこちらを見て動こうとしなかった

の看板が設置されており、実際、車と鹿がぶつかったという交通事故はよく耳にする。文字通り、鹿が多く生息する牡鹿半島である。

　私が同センターに着いて間もなく、石巻市防災対策課と渡波支所の職員二人も到着した。隣の地区の佐須浜仮設住宅に入居している小竹浜区長の吉野雄一さん（84）＝同市小竹浜字小竹＝も駆け付けた。室内では小竹浜行政区の役員ら十三人が待っていた。市では中心部から離れた牡鹿半島や雄勝など計六十一地区に衛星電話を一台ずつ配っているという。震災時、情報手段が寸断し、孤立状態に陥ったことを教訓に、携帯や固定の電話がつながらない非常時でも衛星を利用して通信が可能な機器を配置することにしたのだ。

　住民らは職員から操作方法を教わった後、外へ出て実際に、海上を隔てて直線で約二十キロ先の市

石巻市の職員から携帯衛星電話の使用方法を真剣に学ぶ住民たち

役所本庁へ電話をかけてみた。最初は不安そうだったが、うまくつながるとホッとした表情を見せた。この日は携帯衛星電話のほか、従来二台あった古い自家発電機に加えて新品の自家発電機一台が配備された。

「奇跡」でなく「必然」の結果

小竹浜は佐須浜の次の地区で、市街地からもそう遠くない。高台にあるコミュニティーセンターは指定避難場所となっている。旧小竹浜小・中学校の跡地に立ち、憩いの場所にもなっている集会所と倉庫（旧体育館）が渡り廊下でつながっている。

衛星電話について市職員の説明が終わってから施設内を見せてもらった。そのとき災害用備蓄品の多さに驚いた。目に付いたものだけでも集会所

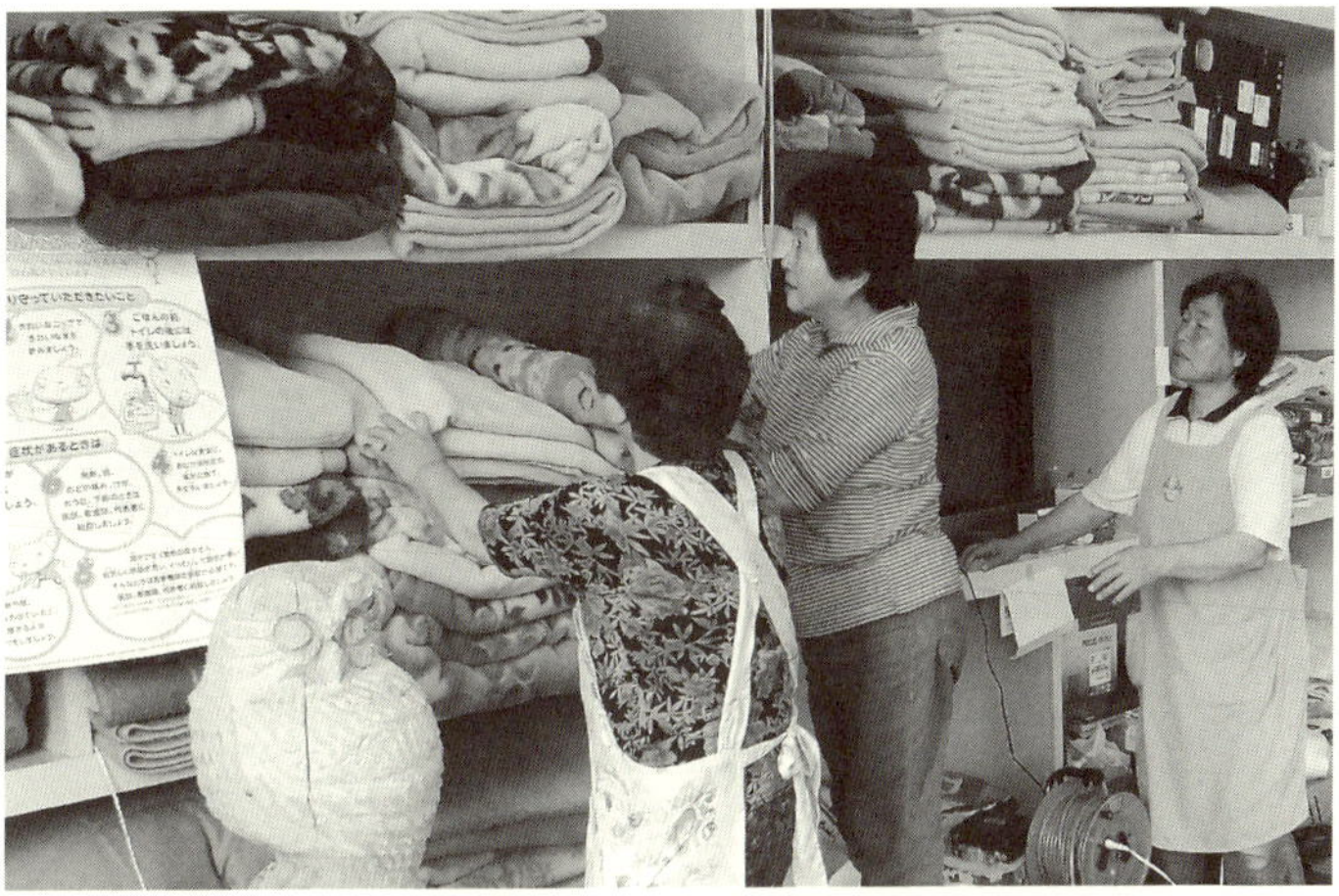

コミュニティーセンターに保管している寝具類を整理する阿部さん（右）ら女性部のメンバー。備品の定期的なチェックを欠かさない

の押し入れには大量の毛布や布団、タオルケット類。倉庫にはマスク、薬品、大人用おむつ、簡易トイレ、トイレットペーパー、卓上ガスコンロ・ボンベ、乾電池、携帯ラジオ、レトルト食品、アルファ米、飲料水、飲料水を保存するポリタンク等々、あらゆる必需品をかなりの場所を割いて置いていた。さらに心臓マッサージに使うＡＥＤ（自動体外式除細動器）も取り付けていた。事前に聞いてはいたが、これほどまでに整えているとは思ってもいなかった。

　これらの品々は石巻市や日本赤十字社から配布されたり、震災後は全国のボランティアから支援物資として届けられたりしたものも多いが、住民たちが負担し保管している備品もある。例えば毛布や布団類、漁業用冷凍庫、コメ、自家発電機の燃料などは区費で賄ったり、それぞれが持ち寄ったりしたというのだから、これまた驚きであった。
このように震災前から地域での備えをしっかりしていたため、震災時、避難住民は困ることもなく過ごせた。「奇跡の避難所」と言われたゆえんがこれで分かった。しかし、このことは奇跡と言うよりも、地域住民の防災意識の高さからくる必然の結果ではないかと思う。コミュニティーセンターはまさに防災の拠点となっている。

平均70歳超える強力組織

防災活動を支えていたのは小竹浜自主防災会女性部であった。部長は阿部明子さん（70）＝石巻市小竹浜字小竹＝。阿部さんによると、女性部の歴史と主な活動内容は次の通りである。

女性組織の始まりは一九五九年に発足した地区婦人部までさかのぼる。八四年に女性の立場で防災意識を高めようと小竹浜漁協婦人防火クラブを結成。少なくとも年一回は住民全員が参加して消火・避難・炊き出しの防災訓練を実施するとともに、災害用備品の充実に力を注いだ。

石巻市内には五つの婦人防火クラブで組織する同市婦人防火クラブ連絡協議会があり、さらに石巻地方二市一町（石巻市・東松島市・女川町）には七つの婦人防火クラブでつくる石巻地区婦人防災活動連絡会が存在する。小竹浜のクラブは震災後、協議会や連絡会をはじめ外部の会議などに出席するのも人のやり繰りが難しくなったことから、二〇一二年四月に解散、二十八年近くにわたる活動に終止符を打った。

解散といっても発展的な解散であった。婦人防火クラブによる普段からの備えが功を奏し、震災時に住民の避難所生活がスムーズに運んだことが、他の地区からうらやましがられた。今後もこの実績を生かしていこうと、協議会とか連絡会とかいう大きな枠にとらわれない地域独自の組織に再編成することを確認し、浜の全住民で既に結成していた自主防災会の中に女性部を組み入れた。

部員は十八人。震災で転出した人がいるため、防火クラブ時より二人減少した。若い人で四十五歳、平均年齢が七十歳を超えるメンバーで組織する。

阿部さんに女性部の最大の目的について尋ねたところ、「防火クラブ時代から初期消火訓練などは実施していたが、いざ実際の消火活動になると困難な面もある。だから私たちは災害の備えに努めたい」ときっぱり語る。

不自由少なかった避難生活

阿部さんをはじめとする女性部員が記憶をたどりながら話してくれた震災による小竹浜の被災状況と対応については以下の通りである。

全五十四戸のうち被災したのは十四戸で、四十戸は被害を免れた。被災率二六パーセントはほかの浜と比べて低い方だ。犠牲者は女性のお年寄りが一人。津波により、海岸に近い漁協事務所に保管していたポンプ車や災害時用のリヤカー、折り畳み式担架、はしご、手回しサイレン、婦人防火クラブで使用した制服の法被、ヘルメット、三年ほど前に備えたＡＥＤなどは流失した。

住民の多くはコミュニティーセンターで避難生活を送ったほか、食事だけセンターで摂り、寝泊まりは自宅という人たちもいた。全住民九十七人のうち震災直後にいた場所と人数は、避難所に四十五人、自宅に二十六人、小竹浜以外に二十六人。食料と飲み水は以前から確保しており、飲料水以外の生活用水だけは近くの沢からホースで引いた。飲料水はポリタンクやペットボトルに保管し、定期的に入れ替えていた。テレビも一〇年秋から備え付けており、自家発電を使い刻々と伝わる震災関連の情報を見ることができた。その自家発電の燃料は住民が所有する船外機用ガソリンを持ち寄り補充した。

ライフラインが復旧した時期は、携帯電話が一週間後の三月十八日だったが、電気は四月十三日、水道が五月二十五日と長期間に及んだ。それでもこの間は備えが十分だったため、大した不自由を感ずることなく避難生活を送った。ただし、浴場は自衛隊が四月四日にシャワーを設置し、その後、ボランティアと地元住民が協力して急ごしらえしたドラム缶の浴槽を利用するなど、しばらくの間不便を強いられた。

過去の教訓を受け継ぐ

小竹浜の高い防災意識と強い協力態勢は、災害時に大きな力を発揮することを世に証明した。何が住民をそうさせたのか、背景を知りたいと思った。阿部さんは「過去にあった大火や津波などの災害を教訓に、自分たちの地域は自分たちで守らなければ――という考えが伝統的にあるんだよね」と話してくれた。

まず挙げたのが一九五二年五月十八日に発生した小竹浜大火であった。山林から出火して延焼し、建物百二十戸のうち半分以上の六十四戸を焼き尽くした。その後も一九九一年までに住宅火災が二件起きた。津波では一九三三年の昭和三陸大津波で漁船が建物の屋根まで上がるなどの大きな被害があったほか、一九六〇年のチリ地震津波では住民が避難した。これらの災害は、「小竹浜沿革史」の中に資料として記録され、住民の間でしっかりと受け継がれている。

小竹浜では、大火や三陸大津波、チリ地震津波が発生した時代の主な交通手段は船であった。石巻の市街地から嫁いだ阿部さんは「昔は災害が起きたときに、ほかの地区からの応援は望めなかったという。だから地区内での結束力が強まったと考えられるのね」と分析。さらに続けて「男性は仕事で不在だったりするので、女性が動かないといけなかった。婦人防火クラブは放水など消防訓練の大会にも参加していた。今は高齢化してそうした訓練はできなくなったけど、その分、備品に重点を置くようになった」と浜における女性の役割について重ねて語った。

津波を抑えたのは浜の地形

十分な備えによって震災後の対応がスムーズに運んだ小竹浜では、もう一つ大きな特徴があった。それは前記した被災率の低さである。要因は地形的な条件であった。このことについても女性部の人たちに説明してもらった。

浜というと一般的にメーンストリートは海岸沿いに横長に走り、山を背負ってその周辺に集落が存在する。小竹浜のメーンストリートは岸壁の中央から山へ向かって斜面をほぼ直線に延び、傾斜する道路沿いの両側に家々が段々状に立ち並んでいる。このため坂道を駆け上がって避難すれば助かる確率が高い。今回の大津波は傾斜地の高い場所に立つ建物には押し寄せなかった。また、湾の入り口中央に浮かぶ弁天島が津波の勢いをブロックした。この島は周囲が八百メートル。島まで防波堤上を歩いて渡れるほどの近さにある。

浜のメーンストリートは港から山へ向かって一直線に延びる。建物は道路沿いの斜面に立ち並ぶ

バス停内で浜を語り合う

取材の補充をするため九月十日に再び小竹浜を訪ねた。阿部さんが浜の実情に詳しい人に呼び掛けて、海岸近くのミヤコー・バス停に集まってもらった。バス停といっても時刻表を掲示するポールが立っているだけではない。震災後、漁協事務所跡に設置した真新しいプレハブの小さな建物で、阿部さんによると、ボランティアが実施した「小竹浜チャリティーTシャツ」の売り上げと、同じ地名でつながりを持った

福岡県小竹町からの義援金などが充てられた、小竹浜の住民にとって感謝の気持ちが込められたバス停なのだ。壁面にはボランティアの手でヒマワリの花や海を泳ぐ魚がきれいに描かれており、正面には「ひまわりの停留所」と名付けられた看板が掲げられていた。

この日はまだ残暑が厳しかった時期だけに、潮の香りがする海からの風は肌に心地よく感じられた。集合してくれたのは阿部さんと、阿部さんの夫・哲さん（77）、浜の長老格・内海泰蔵さん（85）＝石巻市小竹浜字小竹＝、阿部さんと活動を共にしている女性部幹事の鈴木由美子さん（64）＝同＝の四人。哲さんは元捕鯨船員、内海さんは元漁業、鈴木さんは婦人防火クラブの最後の会長を務めた。

最低4日間は自助・共助

防災問題を含めた小竹浜の現状や課題について、四人に話し合ってもらった。

阿部　ほかの地区からは「混乱状態の震災時にどうしてそんなことができたの」と聞かれたけど、やはり備えが一番なのよね。当たり前のことかもしれないんだけど……。消防署からは「大きな災害があったなら四日間は救助に行くことができない」と言われていたので、最低でもその期間は自助・共助で対応しなければいけないと考えていたから。

鈴木　震災前から地区を十班に分け、お年寄りへの声掛け、避難誘導、報告などの各係を決めていた。今回、それが生かされた。センターに保管していた飲食物は賞味期限で入れ替えているほか、そのほかの備品も震災前は防災訓練のたびに点検しながら補給していたのよ。

内海　女性部はいざというとき頼りになっから心強いよなあ。

阿部哲　自宅が高い場所にあったから、地震発生後、すぐコミュニティーセンターへ駆け付け、避難所として開放し、逃げてきた避難者の受け付けに当たった。

阿部　流失したAEDは六月（一二年）に補充したけれど、担架やヘルメットなどは補充していない。今のところ、予算的に購入する余裕がないので、震災対応がもう少し落ち着いてから検討したい。行政からの活動助成金は婦人防火クラブには出るが、女性部は対象にならないのよ。現在は会費を集めていないので、そのためにも女性部の会議を再開して対応策を考えなければね。

鈴木　再開と言えば、防災訓練もしないといけないわ。七月八日（一二年）に石巻市が震災を教訓に実施した「とにかく逃げっぺし」には参加したが、地域独自の訓練が必要だからね。これも生活がもう少し落ち着いてからだよね。

内海　ところで、津波の勢いを抑えた弁天島なんだけどさ。あの島には弁天様の祠《ほこら》・厳島《いつくしま》神社があっけど、震災では代々、小竹の人々が信仰していた弁天様に助けられたよな。やっぱり縁を感じたな。
阿部　弁天島にはタブノキなど暖地性植物群落があり、国から重要な植物群に指定されているということを聞いたことがあるわ。
鈴木　自然には恵まれているが、人口の流出が大きな課題として残っている。震災前から転出傾向が強く、戸数が少なくなった。空き家も目立っているよね。
阿部哲　若者に逃げられたんだなあ。（笑い）
阿部　震災でさらに拍車が掛かった感じだね。調べたら震災前五十四戸、九十七人だったのが、三十八戸、七十五人に減少していた。高齢化が強まり、今は八十九歳の男性を最高に平均年齢が七十五歳ぐらいなの。子どもは中学一年生一人だけよ。
鈴木　それから消防団なんだけれど、団員は比較的若い五人だよね。火事や急病人が発生したなら、消防団だけでは対応できないので、管轄の渡波消防署が来ることになる。でも到着するまでに十五分以上掛かることも課題になっている。一つの策としてＡＥＤを設置したんだったね。いずれ防災運動や備品の用意が大切ということになるのよね。
内海　道路事情は昔と比べればだいぶ改良された。街場の渡波に通ずる佐須浜間の道路は広くなったし、東側の折浜間は「協力の道」*と言われる道路に整備されたがらな。
阿部　佐須浜間の市道はがけ崩れのため通行止めになり、不便な状態が続いているが、市役

小竹浜と折浜間の市道沿いには「協力の道」の記念碑が建立されている。地権者と自衛隊の協力によって完成したことが、その名称の由縁だ

所の人の話だと、復旧予定の十二月二十五日には絶対開通させると言っていたから、そうなるんじゃない。それから、大事なことは仮設住宅の問題よね。今、小竹浜の人はコミュニティーセンター敷地内の仮設に五戸、よその地区の仮設に八戸入居している。このうち小竹浜内の高台への移転希望者は五戸なの。市はこの事業を早く進めてほしいわ。そうでないと仮設の人たちはいろいろ大変なのよ。

内海　漁業なんだけど、生業にしている家は今、一軒だけだ。兼業を含めっと三軒だけかな。震災前から高齢化と後継者難から漁業離れが進み、ほかの浜より漁業者は少なかった。おれも刺し網でシャコやカレイなど取っていたんだが、高齢になったんでやめたんだよ。
阿部　震災前は、イワシやサバ、サケなどを取る定置網とカキ養殖が四軒、刺し網が十二軒あった。漁協の旧婦人部も県の指導でフノリの増殖に挑んでいたが、それも震災で中断したままなの。
内海　漁業者が一気に減った原因は、津波で船が流されたり、港の機能が失われたりしたためなんだ。それさ加えて原発事故による漁獲規制や風評被害だもの。前の状態さ戻れば浜も変わるかもしれないが、復旧が遅れているのを見るとなかなか難しい感じもするよな。仕事を失った人は海底の瓦礫処理などのアルバイトをやってきたようだ。あとは船員年金で生活している人が多い。生活は何とか大丈夫なんだけども、若い人は大変だよな。
阿部哲　ここは浜なので、よその人からはよく漁業の現状を聞かれるけど、内海さんが言うように大半が年金暮らしの人なんだよね。これは震災前からのことだけどね。高齢化とか人口流出の解決策と言っても難しい。大げさな言い方かもしれないが、十数年後にはこの地区がなくなっているかもよ。
阿部　千里眼のように何かの力を働かせて、地区の将来がどうなっているのか見通せるといいんだけどね（笑い）。いずれ、私たちが動けるうちは団結力でカバーしていかないと……。特に災害に対する備えは、重要な任務として怠らないよう引き続き行っていく必要があるよね。

災害の備えと言ってもそう簡単にできることではない。防災意識に加え歴史的・地理的認識をしっかりと持ち、住民みんなで共有して初めて可能になる。小竹浜では高齢化が顕著に表れている中にも、それを実行しているのだから頭が下がる思いだ。これからも他の手本となるよう取り組んでいってほしい。

協力の道 小竹浜には一九六〇年代初めまで車が通れる道路がなく、巡航船や定置網などの漁船を利用した海上交通に頼っていた。しかし、次第に車が普及し始めたため道路の新設が求められた。一九六一年、渡波に通じる半島西側の佐須浜間の道を市道として拡張。それまでは獣道であった。舗装されたのはその二十年後の八一年。東側の折浜・蛤浜方面への道も翌八二年に市道として整備された。小竹浜・折浜間の道は、地権者の土地提供と陸上自衛隊の工事によって完成したことから「協力の道」と名付けられた。小竹浜まで車で自由に行き来できるようになったのは近年ということになる。

あとがき

二〇一二年六月二十四日と七月八日の二日間、牡鹿半島一周のドライブをして半島の全体像をつかんだ後、石巻市分の浜二十八ヵ所のうち十ヵ所をピックアップ。八月上旬から十一月中旬まで集中的に取材した。震災時と変わらない浜の景色と住民の話は驚きの連続であった。

浜には、生業とする漁業や民宿業、魚介類の販売、水産加工業、伝統の鯨歯工芸などを再開した人たち、新たな観光拠点にしようと人工ビーチ造りを熱心に研究している住民たち、被災したため統合になった新しい小学校で明るく健気に学校生活を送っている児童たち、震災時、共助の精神を守り奇跡の避難所と言われた浜で引き続き災害の備えに力を入れている女性たち――など、希望を抱きながら前向きに生きようとしている人たちがいた。そのたくましさに奮い立たされる思いがした。

しかし、その陰には想像以上の苦難を背負っている人たちも見られた。ほとんどの浜で抱えていた課題は、復興どころか復旧の遅れに対する不満、それに伴う今後の生活不安であった。集落が消滅した後、仮設住宅がないため今なお無人の地域もあった。

牡鹿半島の取材では、仮設住宅で話を伺う機会が何度もあった。どの部屋も狭過ぎて、住んでいる人は身も心も縮んでしまうと思った。特にお年寄りが長期間、仮設で生活を送ることは大変なことだ。これは半島に限らず被災地全体の問題ではあるが、スピーディーな住宅対策が求められていることをあらためて知らされた。

行政側は年次計画で復旧を進めようとしているのだろうが、住民は情報不足もあってか苦悩し続けていたのだ。基盤となる国の復旧方針が遅れたことや、県と地元自治体・石巻市のマンパワー（職員）不足、復興需要の中で工事業者の追い付かない仕事量をはじめ、さまざまな理由はあるだろう。だからと言って、そのままにしておくわけにはいかない。街から離れて見えにくい所だからこそ、早期に解決策を見いだすことが不可欠だと実感した。

「中学生の息子に跡を継がなくてもいいからと話した」と厳しくて苦しい状況を吐露した代々続く漁家の漁師。「震災直後に交通も情報も遮断されて孤立したうえに、何も無くなった浜は今も変わらない。これ以上、取り残さないでほしい」と切々と悲痛な声で訴える区長。「復旧費用の個人負担分が三千万円から四千万円も要する」と、予測していた以上の額に嘆く養殖漁業者の苦渋に満ちた言葉がどうしても脳裏から離れない。

政治・行政の復興施策に疑問を投げ掛ける人もいた。「診療所が高台移転したことで、高齢者の患者が不便を強いられている。逃げられる態勢さえしっかりしていれば以前の平坦な場所の方が良い。大病院ならいざ知らずだが……」と苦言を呈する医師。「防潮堤を今まで以上に高くして何になるのかね。今回のように津波は越えて来るときは越えるんだからね。集落はもう存在していないし……」と不満をぶつける寺の住職。いずれもハード面に偏りすぎる災害対策にくぎを刺し、避難方法などソフト面の整備も求める。確かに高台移転については、診療所に限らず住宅でも問題が多いようだ。長年、海に親しんできた住民にとって、移転先が海の見えない場所になることには抵抗がある。土砂崩れはないのだろうかと心配する人も多いし、車を運転できないお年寄り世帯では急な坂道の上り下りが苦労であったりする。ただ単に推し進めればいいものなのだろうか、と考えさせられた。

瓦礫が散乱している未舗装の道路で車を運転していたとき、タイヤがパンクしたことがあった。ガラスの破片が突き刺さっていたのだ。世の中、何もかも発達した時代、パンクなんて死語になったのかと思っていたら、住民は「震災後はこの辺で結構あるのよ」と教えてくれた。なかなか改善に向かわない浜の現状を物語る出来事であった。

リアス式海岸に囲まれる美しい牡鹿半島は、県内外から訪れる人たちを魅了してきた。浜の沖で取れる魚や養殖物は新鮮さと味の良さで全国から高く評価されてきた。それが震災と原発事故による風評被害、漁獲規制で一転した。二〇一二年七月二十七日、牡鹿半島は復興庁から「牡鹿愛ランド特区」に認定された（同九月二十八日、石巻市雄勝、北上両地区も追加され、名称も「愛ランド特区」に変更）。認定により新設企業に対し税制面で特例措置を講じ、観光業をはじめとする産業振興と雇用創出を図る。だが、自然豊かな観光資源を誇る半島のＰＲと企業の投資意欲を引き出していかなければ、文字通り机上の空論になりかねない。官民一体の取り組みが必要となろう。

恥ずかしながら私は長年、石巻市に住んでいながら、しかも地元の元新聞記者でありながら、牡鹿半島は一部の地域を除き、どの浜がどこに位置しているのか、どの地域でどんな魚介類が取れるのか、加えて浜の詳細な被災状況をはっきりと掌握していなかった。今回、直接自分の目で見た取材を通し、浜の復興なくして東日本大震災の復興はないという言葉を実感として持つに至った。それが私の結論である。浜の状況がどう変わっていくのか、今後も見守っていきたいと思う。

最後に、取材に快く応じていただいた大勢の皆様と、情報を提供していただいた方々に感謝申し上げます。

鈴木　孝也

二〇一三年二月

【参考文献】

・石巻まるごと歴史探訪（ヨークベニマル）
・いしのまき ふるさと知図帳（ＮＰＯ法人いしのまき環境ネット）
・浜からはじめる復興計画（彰国社）

鈴木　孝也（すずき・こうや）
●1949年登米市津山町生まれ
●日本大学法学部新聞学科卒。三陸河北新報社に入社し、報道部長、釜石、気仙沼両支社次長、編集局次長、編集総務など務める。
●石巻コミュニティ放送（ラジオ石巻）常務取締役放送局長、専務取締役放送局長などを経て2012年から同社取締役相談役。地域ジャーナリストとして取材・執筆活動を続ける。
●著書に「ラジオがつないだ命　FM石巻と東日本大震災」（河北新報出版センター）。ほかに学研教育出版編の「東日本大震災　伝えなければならない100の物語」への執筆参加、三陸河北新報社が発行の「石巻地方の戦後四十年　揺れ動いた一市九町」を執筆した。

牡鹿半島は今
被災の浜、再興へ

発　行　2013年3月10日　第1刷
著　者　鈴木　孝也
発行者　釜萢　正幸
発行所　河北新報出版センター
〒980-0022
仙台市青葉区五橋一丁目2-28
河北新報総合サービス内
TEL　022(214)3811
FAX　022(227)7666
http://www.kahoku-ss.co.jp
印刷所　山口北州印刷株式会社

定価は表紙に表示してあります。
乱丁、落丁本はお取り替えいたします。

ISBN　978-4-87341-290-0